JN086549

恋する台湾華語
談談戀愛在台灣

高向敦子　許 玉穎

IBCパブリッシング

カバーデザイン ＝ 岩目地 英樹（コムデザイン）

協力 ＝ コミックリズ株式会社

Special Thanks ＝ 八大電視股份有限公司（台湾）

＊台湾華語と台湾語の違いについて

　台湾の公用語は中国語です。中国と同じ言語を使用しているので基本的に話は通じますが、書体（中国は簡体字、台湾は繁体字）や発音、言葉の表現（例：お弁当は中国＝盒饭、台湾＝便當）が違います。そのほか、中国にはない台湾独特の言い回しもあります。本書で使われる「台湾華語」は、台湾で使用される中国語を指します。いわば中国語の台湾バージョンと考えてください。これに対し、「台湾語」は方言の一つで、閩南語（福建省南部の言葉）から派生して、台湾で独自に進化したオリジナルの言語です。現在も、台湾の中南部では台湾語を話す人が多くいますが、若い世代には台湾語を話せない人が増えています。

はじめに

　台湾ドラマには、たくさんの魅力があります。台湾華語の学習者にとっては語彙や表現法の宝庫であり、台湾ファンにとっては文化の一端に触れることができる格好のガイドになります。日本のコミックを原作とする作品も多々ありますが、舞台が台湾になっただけでなぜかしみじみとあたたかい空気感になるのが不思議です。

　こんなドラマを観ました。愛し合っているのになかなか素直になれない男女。ある日、悲しい出来事に直面した彼がこらえきれずに彼女の前で涙を流す。そんな彼を抱きしめて彼女はこうつぶやく。「你有我（あなたには私がいるわ）」……その瞬間二人は氷が融けるように、頑なだった心を開いて互いの愛を確信する。「你有我」というたった３字に込められた深い想いに感動を覚えました。

　このように台湾華語には三音節や二音節でズバリと心情を伝える表現がたくさんあります。特に、恋愛中の男女のセリフは直球勝負です。本書で取り上げた男女の会話からは、心の動きだけでなく恋愛観や人生観までもが垣間見えます。台湾ドラマが描く珠玉の台湾華語を、どうぞしみじみと味わってください。

高向　敦子

　台湾では、日本のテレビドラマを観て日本語を勉強したり日本語を覚えたりする人がかなり多くいます。日本のテレビドラマは「哈日族 Hārìzú（日本を好きになり、憧れを持っている人たちのこと：「哈」は台湾語で「欲しがる・渇望する」という意味）を生む一つのきっかけとなり、人気ドラマの主題歌は台湾のカラオケでも歌われています。また、あの名セリフ「やられたらやり返す、倍返しだ」（ドラマ『半沢直樹』より）は台湾でも大流行しました。

　テレビドラマでは教科書よりネイティブで実用的な表現が学べるため、私自身もよく日本のドラマを観て勉強します。だから本書に携わることができたことがうれしく、台湾華語だけでなく台湾人の恋や結婚に対する考え方を少しでもご紹介できたらいいなと思っています。近年、台湾のテレビドラマは社会派やホラーなど多彩なジャンルにわたり、映画化されたり海外で放送される作品が多くなりました。これからもぜひ台湾のテレビドラマに注目してください！

許　玉穎

目次 C O N T E N T S

本書の構成

台湾ドラマの名作5作品から28のシーンをピックアップし、恋愛中の男女の会話を採録。恋愛段階を「はじまり」「かけひき」「決断」「衝突」「結末」の5つに分類して紹介しました。

■ 核心に触れるセリフ
会話の主題を象徴するような印象的なセリフです。

■ このシーンの隠しテーマ
このシーンの会話でどんなことが主題になっているかを表します。

■ このシーンの背景
このシーンの会話がどのようなシチュエーションでなされたか解説しています。

■ 覚えておきたい語句
このシーンに登場する単語やフレーズで日常的によく使われるものや覚えておきたいものを取り上げています。

品詞の凡例
名 名詞　動 動詞　副 副詞　助 助詞
形 形容詞　接 接続詞　前 前置詞
句 慣用句・成語　助 助動詞　代 代名詞

■ 作品名とエピソード No*
■ 登場人物

■ 会話文と和訳
この場面の男女の会話と和訳です。基本的には男女の会話ですが、ラブレターやひとりごと、彼女の父親との会話もあります。

👩 =女性
👨 =男性

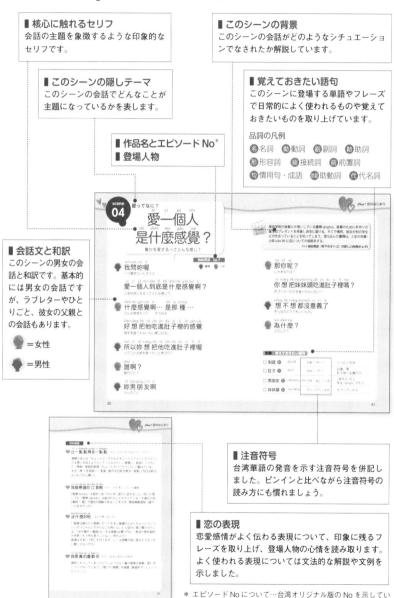

■ 注音符号
台湾華語の発音を示す注音符号を併記しました。ピンインと比べながら注音符号の読み方にも慣れましょう。

■ 恋の表現
恋愛感情がよく伝わる表現について、印象に残るフレーズを取り上げ、登場人物の心情を読み取ります。よく使われる表現については文法的な解説や文例を示しました。

* エピソード No について…台湾オリジナル版の No を示しています。日本で販売されているパッケージ版やエディションの違いによってエピソード No が異なる場合があります。

注音符号 / ピンイン対応表

注音	ピンイン				使用例	
ㄅ	b	爸爸	パパ	bà ba	ㄅㄚˋ	ㄅㄚ
ㄆ	p	拍	打つ	pāi	ㄆㄞ	
ㄇ	m	帽子	帽子	mào zi	ㄇㄠˋ	ㄗ・
ㄈ	f	飛機	飛行機	fēi jī	ㄈㄟ ㄐㄧ	
ㄉ	d	豆腐	豆腐	dòu fǔ	ㄉㄡˋ	ㄈㄨˇ
ㄊ	t	太陽	太陽	tài yáng	ㄊㄞˋ	ㄧㄤˊ
ㄋ	n	奶奶	お婆ちゃん	nǎi nai	ㄋㄞˇ	ㄋㄞ
ㄌ	l	老師	先生	lǎo shī	ㄌㄠˇ	ㄕ
ㄍ	g	狗	犬	gǒu	ㄍㄡˇ	
ㄎ	k	卡	カード	kǎ	ㄎㄚˇ	
ㄏ	h	孩子	子ども	hái zi	ㄏㄞˊ	ㄗ・
ㄐ	j	九	9	jiǔ	ㄐㄧㄡˇ	
ㄑ	q	錢	お金	qián	ㄑㄧㄢˊ	
ㄒ	x	謝謝	ありがとう	xiè xie	ㄒㄧㄝˋ	ㄒㄧㄝ
ㄓ	zh(i)	豬	豚	zhū	ㄓㄨ	
ㄔ	ch(i)	茶	お茶	chá	ㄔㄚˊ	
ㄕ	sh(i)	山	山	shān	ㄕㄢ	
ㄖ	r(i)	日本	日本	rì běn	ㄖˋ	ㄅㄣˇ
ㄗ	z(i)	早餐	朝ご飯	zǎo cān	ㄗㄠˇ	ㄘㄢ
ㄘ	c(i)	廁所	トイレ	cè suǒ	ㄘㄜˋ	ㄙㄨㄛˇ
ㄙ	s(i)	傘	傘	sǎn	ㄙㄢˇ	

母音					
注音	ピンイン	使用例			
ㄚ	a	媽媽	ママ	mā ma	ㄇㄚ　ㄇㄚ
ㄛ	o	伯伯	おじさん	bó bo	ㄅㄛ ˊ　ㄅㄛ ˙
ㄜ	e	哥哥	お兄さん	gē ge	ㄍㄜ　ㄍㄜ ˙
ㄝ	e	爺爺	お爺さん	yé ye	ㄧㄝ ˊ　ㄧㄝ ˙
ㄞ	ai	奶奶	お婆さん	nǎi nai	ㄋㄞ ˇ　ㄋㄞ ˙
ㄟ	ei	妹妹	妹	mèi mei	ㄇㄟ ˋ　ㄇㄟ ˙
ㄠ	ao	貓	ネコ	māo	ㄇㄠ
ㄡ	ou	狗	イヌ	gǒu	ㄍㄡ ˇ
ㄢ	an	山	山	shān	ㄕㄢ
ㄣ	en	人	人	rén	ㄖㄣ ˊ
ㄤ	ang	上午	午前	shàng wǔ	ㄕㄤ ˋ　ㄨ ˇ
ㄥ	eng	朋友	友人	péng yǒu	ㄆㄥ ˊ　ㄧㄡ ˇ
ㄦ	er	二	2	èr	ㄦ ˋ
ㄧ	i/yi	醫生	医者	yī shēng	ㄧ　ㄕㄥ
ㄨ	u/wu	五	5	wǔ	ㄨ ˇ
ㄩ	ü/yu	魚	魚	yú	ㄩ ˊ

声調				
第一声	（なし）	貓	māo	ㄇㄠ
第二声	ˊ	毛	máo	ㄇㄠ ˊ
第三声	ˇ	馬	mǎ	ㄇㄚ ˇ
第四声	ˋ	木	mù	ㄇㄨ ˋ
軽　声	●	帽子	mào zi	ㄇㄠ ˋ　ㄗ ˙

複母音

注音	ピンイン	使用例			
一Ｙ	ia (ya)	牙 歯	yá	一Ｙ ˊ	
一せ	ie (ye)	姊姊 姉	jiě jie	ㄐ一せ ˇ ㄐ一せ ·	
一ㄠ	iao (yao)	小姐 お嬢さん	xiǎo jiě	ㄒ一ㄠ ˇ ㄐ一せ ˇ	
一ㄡ	iu (you)	牛奶 牛乳	niú nǎi	ㄋ一ㄡ ˊ ㄋㄞ ˇ	
一ㄢ	ian (yan)	麵 麺	miàn	ㄇ一ㄢ ˋ	
一ㄤ	iang (yang)	醬油 正油	jiàng yóu	ㄐ一ㄤ ˋ 一ㄡ ˊ	
一ㄣ	in (yin)	音樂 音楽	yīn yuè	一ㄣ ㄩせ ˋ	
一ㄥ	ing (ying)	蘋果 リンゴ	píng guǒ	ㄆ一ㄥ ˊ ㄍㄨㄛ ˇ	
ㄨＹ	ua (wa)	花 花	huā	ㄏㄨＹ	
ㄨㄛ	uo (wo)	火車 電車	huǒ chē	ㄏㄨㄛ ˇ ㄔさ	
ㄨㄞ	uai (wai)	筷子 箸	kuài zi	ㄎㄨㄞ ˋ ㄗ ·	
ㄨㄟ	ui (wei)	水 水	shuǐ	ㄕㄨㄟ ˇ	
ㄨㄢ	uan (wan)	碗 お椀	wǎn	ㄨㄢ ˇ	
ㄨㄤ	uang (wang)	床 ベッド	chuáng	ㄔㄨㄤ ˊ	
ㄨㄣ	un (wen)	溫泉 温泉	wēn quán	ㄨㄣ ㄑㄩㄢ ˊ	
ㄨㄥ	ong (weng)	空氣 空気	kōng qì	ㄎㄨㄥ ㄑ一 ˋ	
ㄩせ	üe (yue)	雪 雪	xuě	ㄒㄩせ ˇ	
ㄩㄢ	üan (yuan)	圓 丸い	yuán	ㄩㄢ ˊ	
ㄩㄣ	ün (yun)	裙子 スカート	qún zi	ㄑㄩㄣ ˊ ㄗ ·	
ㄩㄥ	iong (yong)	熊 クマ	xióng	ㄒㄩㄥ ˊ	

11

Chapter 1

恋のはじまり

出会ってしまった！

好帥喔！
<small>hǎo shuài ō</small>

かっこいい！

惡作劇之吻　Ep.1

湘琴的自言自語　湘琴のひとりごと

 好厲害喔！
<small>hǎo lì hài ō</small>

すごいわ！

那麼難的講稿
<small>nà me nán de jiǎng gǎo</small>

スピーチの内容はあんなに難しいのに

他完全不看稿子
<small>tā wánquán bú kàn gǎo zi</small>

彼は原稿を見なくても

就能唸得那麼順
<small>jiù néng niàn de nà me shùn</small>

あんなにスラスラ読み上げている

而且還那麼的有自信
<small>ér qiě hái nà me de yǒu zì xìn</small>

あんなに堂々としているし

而且好帥喔！
<small>ér qiě hǎo shuài ō</small>

しかもかっこいい！

こんな
シーン

湘琴 Xiāngqín が初めて直樹 Zhíshù に出会うシーン。体育館でスピーチする直樹に一目惚れする湘琴だが、成績が悪い生徒が集まる F 組にいる自分にとって優等生クラス A 組の直樹は近づきがたい存在。湘琴は憧れの直樹に近づくために勉強をがんばって A 組に上がることを決意する。

>>> 惡作劇之吻 èzuòjù zhī wěn（イタズラな Kiss）の詳しい内容は p.29

rú guǒ wǒ men kě yǐ shì tóng bān
如果我們可以是同班
わたしたちもし同じクラスだったら

yí dìng kě yǐ dāng hǎo péng yǒu
一定可以當好朋友
きっと親友になれるはずよ

hǎo　　　　wǒ jué dìng le
好！　我決定了
よし！　決めた

生詞 覚えておきたい語句

□ 厲害 形	lìhài	ㄌㄧ丶 ㄏㄞ丶	すごい / はなはだしい
□ 講 動	jiǎng	ㄐㄧㄤˇ	話す / 講演する
□ 稿（子）名	gǎo(zi)	ㄍㄠˇ（・ㄗ）	原稿（講稿＝スピーチ原稿）
□ 而且 接	érqiě	ㄦˊ ㄑㄧㄝˇ	しかも / そのうえ
□ 帥 形	shuài	ㄕㄨㄞ丶	かっこいい / ハンサムな 帥哥＝イケメン
□ 當 動	dāng	ㄉㄤ	〜になる / 〜の任に当たる 當好朋友 ＝ 親友になる

15

míngnián wǒ yí dìng yào jǐ shàng A bān
明年我一定要擠上 A 班
来年絶対なんとか A 組に入って

gēn tā dāng tóngxué
跟他當同學
彼とクラスメートになる

wǒ men yí dìng kě yǐ chéngwéi
我們一定可以 成 為
わたしたちきっとなれるわ

hěn hǎo hěn hǎo de péngyǒu
很好很好的朋友
大・大・大親友に

生詞 **覚えておきたい語句**

□ 一定 副	yídìng	ㄧˊ ㄉㄧㄥˋ	きっと / 必ず / 絶対
□ 擠 動	jǐ	ㄐㄧˇ	詰め込む, 割り込む, 押し分ける
□ 跟 前	gēn	ㄍㄣ	～と / ～に
□ 同學 名	tóngxué	ㄊㄨㄥˊ ㄒㄩㄝˊ	学友 / クラスメート、学生に使う呼称（江同學＝江くん）
□ 成為 動	chéngwéi	ㄔㄥˊ ㄨㄟˊ	～になる

恋の表現

♥ hǎo lì hài ō
好厲害喔！ すごいわ！

とんでもなく凄いものを目にしたときのひとこと。難解な原稿をスラスラと読む直樹に、湘琴が心を奪われた瞬間である。

♥ hǎoshuài ō
好帥喔！ かっこいい！

ハンサムな男子を見ると女子は必ずこう言う。かっこいい女子が対象の場合は「帥氣 shuài qì」と言うことが多い。

♥ yí dìngyào jǐ shàng A bān
一定要擠上 A 班 絶対 A 組に上がってみせるわ！

憧れの彼に近づけるのならがんばれる！「一定要」というところに決意の固さが表れている。「擠 jǐ」は「ぎっしり詰まったところに割り込む」というイメージ。ここでは「(上級クラスに) 這い上がる」という意味。

♥ yí dìng kě yǐ chéngwéihěnhǎohěnhǎo de péngyǒu
一定可以 成 為很好很好的朋友 絶対大親友になれるわ！

前段の「一定要」に続けて「一定」とたたみかける。ただのクラスメートではなく望むのは「很好很好的朋友」。その延長線上はもちろん彼女になること。湘琴の恋はすでに始まっている。

直樹と湘琴

抑えきれない想い

méi shén me hǎo pà

沒什麼好怕

何にも怖くないわ

湘琴的自言自語 湘琴のひとりごと

zhè yàng kàn lái tā yě zhǐ shì
這樣看來他也只是
こんなふうに見たら彼ってただ

yí ge bǐ yì bān rén
一個比一般人
普通の人より

zài shuài yì diǎndiǎn de shuài gē ér yǐ ma
再帥一點點的帥哥而已嘛
ちょっとだけかっこいいイケメンじゃん

huì lèi jiù shuìzháo
會累就睡著
疲れたら普通に寝るし

bǐ yì diǎndiǎn zài duō yì diǎndiǎn
比一點點再多一點點
ちょっとよりもうちょっとだけ

tā yě zhǐ shì nà gè
他也只是那個
彼ってただの

こんな
シーン

直樹の家に居候することになった湘琴は幸運なことに直樹に勉強を教えて
もらうことになる。一つの机に椅子を並べて勉強しているうちに直樹は隣
で居眠りを始める。寝顔に見とれているうちに湘琴もこっくりこっくり舟
を漕ぎ始め……机に突っ伏した瞬間、直樹にキスをしてしまう。

>>> 惡作劇之吻（イタズラな Kiss）の詳しい内容は p.29

wǒ àn liàn guò de Jiāng Zhí shù
我暗戀過的 江 直樹

わたしが片思いしてた江直樹というだけ

bú shì shén me yāo mó guǐ guài
不是什麼妖魔鬼怪

化け物なんかじゃない

méi shén me hǎo pà
沒什麼好怕

何も怖くないわ

生詞　覚えておきたい語句

□ 這樣 副	zhèyàng	ㄓㄜˋ ㄧㄤˋ	このように
□ 只是 副	zhǐshì	ㄓˇ ㄕˋ	ただ〜に過ぎない
□ 帥哥 名	shuàigē	ㄕㄨㄞˋ ㄍㄜ	イケメン
□ 一點點 形	yìdiǎndiǎn	ㄧˋ ㄉㄧㄢˇ ㄉㄧㄢˇ	少しだけ
□ 而已 助	éryǐ	ㄦˊ ㄧˇ	ただそれだけのこと
□ 暗戀 動	ànliàn	ㄢˋ ㄉㄧㄢˋ	片思いする
□ 妖魔鬼怪 名	yāomóguǐguài	ㄧㄠ ㄇㄛˊ ㄍㄨㄟˇ ㄍㄨㄞˋ	化け物 / お化け
□ 怕 動	pà	ㄆㄚˋ	怖がる

吻到了　偶然キスしちゃって

fā shēng shén me shì
發生什麼事?!
何が起こったの？！

Wǒ gāng pèng dào shén me
我剛碰到什麼?
わたしいま何に当たっちゃったの？

Wǒ shì zhēn de　　　　xǐ huān nǐ
我是真的……喜歡你
わたしホントに……あなたが好き

生詞　覚えておきたい語句

□ 吻 動	wěn	ㄨㄣˇ	キスする
□ 剛 副	gāng	ㄍㄤ	たった今 / ちょうど
□ 碰 動	pèng	ㄆㄥˋ	ぶつかる
□ 喜歡 動	xǐhuān	ㄒㄧˇ ㄏㄨㄢ	好きである

恋の表現

bǐ yì diǎndiǎn zài duō yì diǎndiǎn
💜 比一點點再多一點點　ちょっとよりもうちょっとだけ（イケメン）

湘琴の本心は「ちょっとどころかものすご〜くイケメン」だけどつのる想いを抑えようとしてこんなかわいい表現に。前段につぶやいた「再帥一點點的帥哥（ちょっとだけイケメン）」に重ねている。比〜再＋形容詞＋一點點：⑩今天比昨天再冷一點點（今日は昨日よりもう少し寒い）

wǒ àn liànguò de JiāngZhíshù
💜 我暗戀過的 江 直樹　わたしが片思いしていた江直樹というだけ

「暗戀 ànliàn」は相手に気づかれずに密かに恋すること。同じ片思いでも「單戀 dānliàn」は結ばれないとわかっている一方通行の恋。「動詞＋過」で過去の経験であることを示す：⑩我喜歡過他（彼のことが好きだった）

méishén me hǎo pà
💜 沒什麼好怕　何も怖くないわ

「(直樹は疲れたら居眠りだってするし普通の人よりちょっとカッコいいだけじゃん）だからなにも怖くない」と自分に言い聞かせている。「沒什麼好＋動詞」は〜する価値（必要）がない：⑩沒什麼好說的，分手吧（もう何も言うことはない。別れよう）
普通は文末に「的」をつけるが、ここは湘琴の独り言なのではっきり聞こえないだけ。

wǒ shì zhēn de xǐ huān nǐ
💜 我是真的喜歡你　わたし本当にあなたが好き

偶然にキスしてしまってどうしようもなく胸が高鳴る湘琴。思わずこうつぶやいてしまう。「是」が「喜歡」を強調し、「断固好き！」といったニュアンス。

届けられなかったラブレター

<ruby>我<rt>wǒ</rt></ruby> <ruby>不<rt>bú</rt></ruby> <ruby>會<rt>huì</rt></ruby> <ruby>放<rt>fàng</rt></ruby> <ruby>過<rt>guò</rt></ruby> <ruby>你<rt>nǐ</rt></ruby>

我不會放過你

あなたをあきらめないわ

惡作劇之吻　Ep.4

湘琴的情書 湘琴のラブレター

Jiāngtóng xué nǐ hǎo　wǒ shì F bān de Yuán Xiāng qín
江 同學你好　我是 F 班的袁 湘 琴

江くんこんにちは　わたしは F 組の袁湘琴です

wǒ xiǎng nǐ bìng bú rèn shì wǒ
我 想 你 並 不 認 識 我

あなたはわたしを知らないと思いますが

dàn shì wǒ duì nǐ què hěn liǎo jiě ō
但是我對你卻很了解喔

わたしはあなたのことをとてもよく知っています

cóng dì yī cì zài xīn shēng xùn liàn shàng kàn dào nǐ
從 第一次在新 生 訓練 上 看到你

入学式で一目見たときから

nà yì tiān wǒ de yǎnguāng
那一天我的眼 光

あの日わたしの視線は

jiù bù zhī dào gāi zěn me lí kāi nǐ
就不知道該怎麼離開你

どうすればあなたから離れられるかわからない

こんな
シーン

部屋で勉強をがんばっている湘琴の様子を見に来た直樹は渡されなかった自分へのラブレターを発見。机に突っ伏して寝ている湘琴の手の下からそっと手紙を抜き出して読み、その文面から湘琴の想いを知る。湘琴への恋愛感情はないものの、少しだけ恋に興味を抱く直樹だった。

>>> 惡作劇之吻（イタズラな Kiss）の詳しい内容は p.29

bù guǎn shì zhì cí de nǐ
不管 是致辭的你

hái shì hé páng rén liáo tiān de nǐ
還是和旁人聊天的你

スピーチしていても、人とおしゃべりしていても

hái shì luò mò bù shuō huà de nǐ
還是落寞不說話的你

ひとりで黙りこんでいても

生詞 覚えておきたい語句

□ 並 副	bìng	ㄅㄧㄥˋ	それほど / あまり
□ 卻 副	què	ㄑㄩㄝˋ	むしろ / かえって
□ 新生 名	xīnshēng	ㄒㄧㄣ ㄕㄥ	新入生
□ 眼光 名	yǎnguāng	ㄧㄢˇ ㄍㄨㄤ	視線
□ 該 助動	gāi	ㄍㄞ	「應該（すべき）」の省略形
□ 離開 動	líkāi	ㄌㄧˊ ㄎㄞ	離れる
□ 致辭 動	zhìcí	ㄓˋ ㄘˊ	人前でスピーチする（式辞や答辞など）
□ 聊天 動	liáotiān	ㄌㄧㄠˊ ㄊㄧㄢ	おしゃべり
□ 落寞 形	luòmò	ㄌㄨㄛˋ ㄇㄛˋ	ひっそりと / 寂しく

wǒ zǒng kě yǐ hěn kuài de
我總可以很快的

zài rén qún zhōng zhī dào nǐ de wèi zhì
在人群中知道你的位置

大勢の人の中にいてもわたしはいつもすぐにあなたの場所がわかったし

zhǎo dào nǐ zài nǎ lǐ
找到你在哪裡

あなたがどこにいるか探せたわ

fǎng fú nǐ zài nǎ lǐ
彷彿你在哪裡

guāng jiù zài nǎ lǐ
光就在哪裡

まるであなたがいる場所はいつも光があるみたい

hěn bù hǎo yì si shuō dé zhè me zhí jiē
很不好意思說得這麼直接

こんなにストレートに言ってホントにごめんなさい

kě shì wǒ zǒng huì xiǎng rú guǒ zhè cì bù shuō
可是我總會想如果這次不說

だけどもしいま言わなければ

xià cì bù zhī dào shén me shí hòu
下次不知道什麼時候

cái huì tí qǐ yǒng qì
才會提起勇氣

次はいつ勇気を出せるかわかりません

wǒ yǐ jīng hǎo jǐ cì fàng qì
我已經好幾次放棄
わたしはもう何度も失ってきました

xiàng nǐ biǎo dá de jī huì le
向你表達的機會了
あなたに伝えるチャンスを

zhè yí cì a　　 wǒ gǔ lì wǒ zì jǐ
這一次啊　我鼓勵我自己
今度こそは自分を励まして

shuō shén me wǒ yě bù huì fàng guò nǐ
說什麼我也不會放過你
あなたをどうしても諦めないと言ったら

yòu tài dà dǎn le
又太大膽了
大胆すぎるでしょうか

生詞 覚えておきたい語句

□ 總 副	zǒng	ㄗㄨㄥˇ	いつも
□ 彷彿 副	fǎngfú	ㄈㄤˇ ㄈㄨˊ	まるで～みたい
□ 才 副	cái	ㄘㄞˊ	やっと
□ 提起 動	tíqǐ	ㄊㄧˊ ㄑㄧˇ	取り上げる 提起勇氣＝勇気を出す
□ 表達 動	biǎodá	ㄅㄧㄠˇ ㄉㄚˊ	表現して伝える
□ 機會 名	jīhuì	ㄐㄧ ㄏㄨㄟˋ	チャンス
□ 鼓勵 動	gǔlì	ㄍㄨˇ ㄌㄧˋ	励ます
□ 大膽 形	dàdǎn	ㄉㄚˋ ㄉㄢˇ	大胆である

duì nǐ de ài mù yě chí xù le liǎngnián

對你的愛慕也持續了兩年

この二年間ずっとあなたを想い続けてきたのです

wèi le bú ràng zhè fèn gǎn jué

為了不讓這份感覺

chéng wéi yǒngyuǎn de yí hàn

成為永遠的遺憾

この気持ちが永遠の後悔になってしまわないように

suǒ yǐ wǒ jué dìng yǒng gǎn de xiě xià zhè fēng xìn

所以我決定勇敢地寫下這封信

だから勇気を出して手紙を書きました

xiàng nǐ biǎo dá wǒ de xīn yì

向你表達我的心意

あなたに自分の想いを伝えるために

Jiāng Zhí shù　　wǒ xǐ huān nǐ

江直樹　我喜歡你

江直樹さま　あなたのことが好きです

生詞　覚えておきたい語句

□ 愛慕 動	àimù	ㄞ、 ㄇㄨ、	慕う
□ 遺憾 名	yíhàn	ㄧˊ ㄏㄢ、	残念に思うこと / 遺憾
□ 勇敢 形	yǒnggǎn	ㄩㄥˇ ㄍㄢˇ	勇敢な / 勇気のある
□ 心意 名	xīnyì	ㄒㄧㄣ ㄧ、	（心の中にある）思い

恋の表現

wǒ xiǎng nǐ bìng bú rèn shí wǒ　dàn shì wǒ duì nǐ què hěn liǎo jiě　ō
💜 **我 想 你 並 不 認 識 我 ，但 是 我 對 你 卻 很 了 解 喔**

あなたはわたしのことを知らなくても、わたしはあなたのことをとてもよく知っています

「並 bìng」が「不認識」を強調し、「卻 què」がその反対であることを強調。この状況を「暗戀 ànliàn」という。

nà　yì tiān wǒ de yǎnguāng jiù bù zhī dào gāi zěn me　lí kāi nǐ
💜 **那 一 天 我 的 眼 光 就 不 知 道 該 怎 麼 離 開 你**

あの日のわたしの視線はどうすればあなたから離れられるかわかりません

「視線が釘づけになる」ほどあなたに強く心をひかれたことを表現。「就 jiù」は「会った途端に」「たちまち」と時間的な速さを強調。

fǎng fú nǐ zài nǎ　lǐ　　guāng jiù zài nǎ　lǐ
💜 **彷 彿 你 在 哪 裡　光 就 在 哪 裡**

まるで光があるようにあなたのいる場所がわかってしまう

「哪裡」で韻を踏んだロマンチックな詩的表現。恋する人はわたしだけにわかるオーラを放っているというわけ。

wǒ yě bú huì fàngguò nǐ
💜 **我 也 不 會 放 過 你** わたしはあなたをあきらめません

「放過」は「許す、逃がす、見逃す」というニュアンス。いじめられたときなどに「放過我吧（もう勘弁して）」というふうに使う。ここでは「離さない、逃がさない」という気持ちを強調している。

duì nǐ de　ài mù yě chí xù　le liǎngnián
💜 **對 你 的 愛 慕 也 持 續 了 兩 年** 二年間ずっとあなたを想い続けたのです

愛慕は文字のとおり「愛し、慕う」こと。「也」は愛慕を強調し、「（直樹のことを二年前から知っていて）想い"も"続いた」と、強い気持ちを伝えている。

恋の単語＆フレーズ ①

● **男朋友 / 女朋友**（恋人）nán péng yǒu / nǚ péng yǒu

這是我男朋友。こちらは彼氏です。

這是我女朋友。こちらは彼女です。

● **閃光**（恋人）shǎn guāng

這是我閃光。こちらは恋人です。

カップルがイチャイチャしている様子がまぶしくて直視できないことから、「放閃（人前でイチャイチャ）」、「我家閃光（うちの彼氏）」などと言う。男女とも使えるが女性が使う場合が多い。つまり**這是我閃光＝這是我男朋友**

● **交往**（交際する）jiāo wǎng

我們已經交往 1 年了。つき合って一年経った。

● **在一起**（交際する）zài yì qǐ

我們已經在一起 1 年了。つき合って一年経った。

我們見面隔天就在一起了。出会った次の日にもうつき合い始めた。

● **分手**（別れる）fēn shǒu

他們兩個已經分手了嗎？あの二人もう別れたの？

我要跟你分手。あなたと別れたい。

● **吃醋**（嫉妬する）chī cù

你該不會是在吃醋吧？もしかしてあなたヤキモチ焼いてる？

● **約會**（デート）yuē huì

不好意思，我明天要跟男朋友約會。
ごめんね、わたし明日は彼氏とデートなの。

● **情侶**（カップル）qíng lǚ

情侶套房 カップルルーム　情侶優惠 カップルプラン

那對情侶很恩愛 / 閃。あのカップルはラブラブだね。

作品紹介① 惡作劇之吻 イタズラな Kiss

日本における台湾ドラマ人気の火付け役となった作品の一つ。原作は 1990 年に連載開始された多田かおる作の大人気コミックス。日本をはじめ台湾、韓国、タイでドラマ化され今なお「イタキス」の通称で愛されている。ここで紹介するのは 2005 年に台湾で放送されたもの（八大電視台）。2007 年には続編「イタズラな KissII ～惡作劇 2 吻～」が放送されいずれも日本と台湾で高視聴率を得た。

■ イタズラな Kiss ～惡作劇之吻～
©2005 GTV © 多田かおる／ミナトプロ・エムズ

■ 主なキャスト（ ）は原作の役名

袁湘琴（相原琴子）林依晨〈アリエル・リン〉

江直樹（入江直樹）鄭元暢〈ジョセフ・チェン〉

金元豐（池沢金之助）汪東城〈ジロー〉

■ あらすじ

袁湘琴（相原琴子）は高校 3 年生になったばかりのある日、入学以来 2 年間片思いしてきた江直樹（入江直樹）に勇気を振り絞ってラブレターを渡そうとするが、見事に無視されてしまう。しかもそのことが学校中の噂になり、ひどく落ち込む湘琴。追い討ちをかけるように、父が建てた新築の家が引っ越し当日に地震で全壊してしまう。途方にくれる父と娘を自宅に招き入れてくれたのは父の中学時代の親友で、直樹の父だった。勉強が苦手で不器用な湘琴と天才でプライドが高い直樹。あまりにも対照的な二人の奇妙な同居生活が始まる。直樹の母は湘琴と直樹を結びつけようといろいろな手を仕掛けてくる。一方で、湘琴を一途に慕い続ける同じクラスの金ちゃん（金元豐：池沢金之助）は、直樹との同居を知りショックを受けるが、決して湘琴をあきらめようとしない。冷たくあしらわれてもめげずにまっすぐに直樹に気持ちをぶつけてくる湘琴に、いつしか直樹の心にも変化が現れ……。

▶ U-NEXT で配信中　https://video.unext.jp/

scene 04

愛ってなに？

<ruby>愛<rt>ài</rt></ruby><ruby>一<rt>yí</rt></ruby><ruby>個<rt>ge</rt></ruby><ruby>人<rt>rén</rt></ruby>
<ruby>是<rt>shì</rt></ruby><ruby>什<rt>shén</rt></ruby><ruby>麼<rt>me</rt></ruby><ruby>感<rt>gǎn</rt></ruby><ruby>覺<rt>jué</rt></ruby>？

誰かを愛するってどんな感じ？

 慶輝 小菲

<ruby>我<rt>wǒ</rt></ruby><ruby>問<rt>wèn</rt></ruby><ruby>妳<rt>nǐ</rt></ruby><ruby>喔<rt>ō</rt></ruby>

一つ聞きたいんだけど

<ruby>愛<rt>ài</rt></ruby><ruby>一<rt>yí</rt></ruby><ruby>個<rt>ge</rt></ruby><ruby>人<rt>rén</rt></ruby><ruby>到<rt>dào</rt></ruby><ruby>底<rt>dǐ</rt></ruby><ruby>是<rt>shì</rt></ruby><ruby>什<rt>shén</rt></ruby><ruby>麼<rt>me</rt></ruby><ruby>感<rt>gǎn</rt></ruby><ruby>覺<rt>jué</rt></ruby><ruby>啊<rt>a</rt></ruby>？

人を好きになるってどんな感じ？

<ruby>什<rt>shén</rt></ruby><ruby>麼<rt>me</rt></ruby><ruby>感<rt>gǎn</rt></ruby><ruby>覺<rt>jué</rt></ruby><ruby>啊<rt>a</rt></ruby>… <ruby>是<rt>shì</rt></ruby><ruby>那<rt>nà</rt></ruby><ruby>種<rt>zhǒng</rt></ruby>…

どんな気持ちって…… そうねえ……

<ruby>好<rt>hǎo</rt></ruby><ruby>想<rt>xiǎng</rt></ruby><ruby>把<rt>bǎ</rt></ruby><ruby>他<rt>tā</rt></ruby><ruby>吃<rt>chī</rt></ruby><ruby>進<rt>jìn</rt></ruby><ruby>肚<rt>dù</rt></ruby><ruby>子<rt>zi</rt></ruby><ruby>裡<rt>lǐ</rt></ruby><ruby>的<rt>de</rt></ruby><ruby>感<rt>gǎn</rt></ruby><ruby>覺<rt>jué</rt></ruby>

相手を食べちゃいたい感じかな

<ruby>所<rt>suǒ</rt></ruby><ruby>以<rt>yǐ</rt></ruby><ruby>妳<rt>nǐ</rt></ruby><ruby>想<rt>xiǎng</rt></ruby><ruby>把<rt>bǎ</rt></ruby><ruby>他<rt>tā</rt></ruby><ruby>吃<rt>chī</rt></ruby><ruby>進<rt>jìn</rt></ruby><ruby>肚<rt>dù</rt></ruby><ruby>子<rt>zi</rt></ruby><ruby>裡<rt>lǐ</rt></ruby><ruby>喔<rt>ō</rt></ruby>

ってことは彼を食べたいと思うの？

<ruby>誰<rt>shuí</rt></ruby><ruby>啊<rt>a</rt></ruby>？

誰のこと？

<ruby>妳<rt>nǐ</rt></ruby><ruby>男<rt>nán</rt></ruby><ruby>朋<rt>péng</rt></ruby><ruby>友<rt>yǒu</rt></ruby><ruby>啊<rt>a</rt></ruby>

彼のこと

こんな
シーン
美術学校の後輩に片想いしている慶輝 Qìnghuī。後輩のために手作りの誕生日プレゼントを用意し自宅に届けるが、そこで偶然、彼女が別の学生とつき合っていることを知ってしまう。落ち込んだ慶輝は、人生の先輩・小菲 Xiǎofēi に恋についての相談をする。

>>> 我的男孩 wǒ de nánhái（年下のオトコ）の詳しい内容は p.45

nà nǐ ne
那你呢？
じゃあなたは？

nǐ xiǎng bǎ mèimei tóu chī jìn dù zi lǐ ma
你想把妹妹頭吃進肚子裡嗎？
ボブヘアーの子を食べちゃいたい？

xiǎng bù xiǎng dōu méi yì yì le
想不想都沒意義了
そんなのどうでもいいんだ

wèi shén me
為什麼？
どうして？

生詞 覚えておきたい語句

□ 到底 副	dàodǐ	ㄉㄠˋ ㄉㄧˇ	いったい
□ 肚子 名	dùzi	ㄉㄨˋ ㄗ·	お腹／胃 肚子裡＝お腹の中
□ 男朋友 名	nánpéngyǒu	ㄋㄢˊ ㄆㄥˊ ㄧㄡˇ	（男性の）恋人 男友 nányǒu でも可
□ 妹妹頭 名	mèimeitóu	ㄇㄟˋ ㄇㄟ· ㄊㄡˊ	ボブヘアーの子

本來還以為
běn lái hái yǐ wéi

我跟她的距離已經越來越近了
wǒ gēn tā de jù lí yǐ jīng yuè lái yuè jìn le

近到只差一步
jìn dào zhǐ chà yí bù

あの子との距離はだんだん近くなっててあと一歩のところなんだ

然後呢？
rán hòu ne

それで？

原來我只是一個
yuán lái wǒ zhǐ shì yí ge

比普通再有用一點的學長而已
bǐ pǔ tōng zài yǒuyòng yì diǎn de xué cháng ér yǐ

結局僕は普通よりちょっと役に立つ先輩という存在だったんだ

我以後絕對不要再隨隨便便
wǒ yǐ hòu jué duì bú yào zài suí suí biànbiàn

喜歡別人了
xǐ huān bié rén le

僕は今後一切気軽に誰かを好きになったりしないよ

為什麼？
wèi shén me

どうしてよ？

除非她先喜歡我
chú fēi tā xiān xǐ huān wǒ

向こうから先に好きにならない限りね

32

zěn me shuō
怎麼說？
どういうこと？

miǎn dé shòushāng a
免得受傷啊
傷つきたくないもん

nà qí chē nán miǎn huì shòushāng
那騎車難免會受傷
nán dào nǐ yǐ hòu bù qí chē le ma
難道你以後不騎車了嗎？
じゃあバイクに乗ったら傷つくかもしれないから乗らない？

mànman nǐ jiù huì dǒng
慢慢你就會懂
少しずつわかっていくわ

生詞 覚えておきたい語句

□ 以為 動	yǐwéi	ー ˇ ㄨㄟ ˊ	～と思う（勘違いのときに使う）
□ 越來越 句	yuèláiyuè	ㄩㄝ ˋ ㄌㄞ ˊ ㄩㄝ ˋ	だんだん 越來越近了＝だんだん近づく
□ 學長 名	xuézhǎng	ㄒㄩㄝ ˊ ㄓㄤ ˇ	男性の先輩 女性の先輩は「學姊」
□ 而已 動動	éryǐ	ㄦ ˊ ー ˇ	～にすぎない
□ 隨便 形	suíbiàn	ㄙㄨㄟ ˊ ㄅㄧㄢ ˋ	気軽に / 適当に 隨隨便便＝隨便を少し強調
□ 除非 接	chúfēi	ㄔㄨ ˊ ㄈㄟ	～を除いて 「これでなくてはだめだ」と唯一の条件を強調する
□ 受傷 動	shòushāng	ㄕㄡ ˋ ㄕㄤ	傷を負う
□ 難道 副	nándào	ㄋㄢ ˊ ㄉㄠ ˋ	まさか～ではなかろう

33

其實歡樂呢

並不能教會我們什麼

実は楽しいことから何も学べないの

真正能夠讓我們成長的

反而是痛苦

本当に自分たちを成長させてくれるのはむしろ苦しみなのよ

所以啊

だからね

千萬不要因為害怕受傷

就放棄做自己的主人

傷つくことを恐れて人生の主役になることをあきらめないで

永遠都要勇敢的去

愛你所愛的

常に勇気を持って愛するものを愛せばいい

這樣的人生才叫精彩

そういう人生こそが素晴らしいの

nà yì zhǒng yīn wèi hài pà jié guǒ
那一種因為害怕結果

ér shén me dōu cuò guò de rén shēng
而什麼都錯過的人生

結果を恐れてすべてを逃してしまった人生に

yǒu shén me yì yì
有什麼意義？

何の意味がある？

nǐ yīng gāi bāng nǐ zì jǐ pāi pāi shǒu
你應該幫你自己拍拍手

あなたは自分に拍手すべきよ

nǐ yǐ jīng wánchéng le
你已經完成了

nǐ shēngmìngzhòng de dì yī chǎngliàn ài
你生命中的第一場戀愛

人生で初めての恋ができたんだから

生詞 覚えておきたい語句

□ 其實	副	qíshí	ㄑㄧˊㄕˊ	実は
□ 能夠	動	nénggòu	ㄋㄥˊㄍㄡˋ	できる
□ 反而	副	fǎnér	ㄈㄢˇㄦˊ	逆に / それどころか
□ 千萬	副	qiānwàn	ㄑㄧㄢㄨㄢˋ	くれぐれも / ぜひ
□ 精彩	形	jīngcǎi	ㄐㄧㄥㄘㄞˇ	イキイキとしてすばらしい
□ 害怕	動	hàipà	ㄏㄞˋㄆㄚˋ	怖がる
□ 錯過	動	cuòguò	ㄘㄨㄛˋㄍㄨㄛˋ	すれ違う / 間違う 錯過的人生＝すれ違ってしまった人生

ài yí ge rén dào dǐ shì shén me gǎn jué a
❤ 愛一個人到底是什麼感覺啊？

誰かを愛するっていったいどんな感じ？

自分に好意的だった女の子が別の男性とつきあっていたなんて……
恋に対して臆病になってしまった慶輝は 10 歳年上で恋愛経験豊富
な小菲にストレートな疑問をぶつける。

hǎoxiǎng bǎ tā chī jìn dù zi lǐ de gǎn jué
❤ 好 想 把他吃進肚子裡的感覺　彼を食べちゃいたい感じ

直訳すると「まるで彼を食べてお腹の中に入れてしまうような感
覚」。食べてしまいたいほど愛しいというニュアンス。

wǒ gēn tā de jù lí yǐ jīngyuè lái yuè jìn liǎo jìn dào zhǐ chà yī bù
❤ 我跟她的距離已經越來越近了近到只差一步

彼女との距離は少しずつ近づいてあと一歩というところまできたんだ

宿題の相談に乗ったり、重たいものを運んであげたり、よき先輩と
して接しているうちに "只差一步（あと一歩というところで）" 恋が
成就するところだったのに……。悔しさがにじむ慶輝のひとこと。

wǒ yǐ hòu jué duì bú yào zài suí suí piánpián xǐ huān bié rén le
❤ 我以後絕對不要再隨隨便便喜歡別人了
chú fēi tā xiān xǐ huān wǒ
除非她先喜歡我

彼女が先に自分のことを好きにならない限り、そう簡単に誰かを好きにな
ることなんかない

好きだった彼女が別の男性とつき合っていることを知ってしまった
慶輝。「もう恋なんかするもんか」というのが今の心境だけど、「彼
女の方から先に自分を好きになる場合は除いてね」とちゃっかり逃
げ道を作る。まだ 20 歳。恋をあきらめるにはまだ早い。そして、
このあと人生を左右する大恋愛に陥ることを、彼はまだ知らない。

永遠都要勇敢的去愛你所愛的
yǒngyuǎndōuyàoyǒnggǎn de qù ài nǐ suǒ ài de

常に勇敢にあなたの愛する人を愛すればいい

つらい恋を経験をしてきたからこそ言える、小菲の示唆に富むひとこと。それは小菲自身がたどってきた道のりでもあった。

你已經完成了你生命中的第一場戀愛
nǐ yǐ jīngwánchéng le nǐ shēngmìngzhòng de dì yī chǎngliàn ài

あなたは人生で初めての恋ができたのだから

失恋を悲しむより恋ができたことを喜びましょう!という励ましのひとこと。小菲の、自分自身へのエールのようにも聞こえる。

小菲と慶輝   『年下のオトコ』©2017 Gala Television. All Rights Reserved.

scene 05

これって愛？

zhǐ shì hǎo gāo xìng
只是好高興
hǎo gāo xìng hǎo gāo xìng
好高興好高興…
ただ嬉しくて嬉しくて嬉しくて…

慶輝　Amy

wǒ menxiān lái jiě jué dào dǐ ài bú ài zhè yì tí
我們先來解決到底愛不愛這一題
まず愛しているかどうかという問題を解決しよう

xiàn zài wǒ wèn nǐ wèn tí
現在我問你問題

nǐ yào lì kè huí dā bù kě yǐ xiǎng ō
你要立刻回答不可以 想 喔
いくつか質問するけど考えずにすぐ答えてね

rán hòu yě bù kě yǐ yǒushén me kě shì yīn wèi
然後也不可以有什麼「可是」「因為」
suǒ yǐ
「所以」
あと「でも」「それは」「だから」は言っちゃだめよ

hǎo
好
うん

38

こんな
シーン

慶輝にとって頼りになる姉であり何でも話せる親友のような存在だった
小菲が、少しずつ一人の女性としての存在感を増していく。果たしてこ
の気持ちは「愛」なのか……。慶輝は徴兵のときに知り合った女友だち
のエイミーに診断を仰ぐ。エイミーによる一問一答の診断結果はいかに？

>>> 我的男孩（年下のオトコ）の詳しい内容は p.45

nǐ chī dào hǎo chī de dōng xī
你吃到好吃的東西

nǐ huì xiǎng yāo mǎi gěi tā chī
你會 想 要買給她吃？

おいしいものを食べたとき、彼女にも買ってあげたいと思う？

en kě shì wǒ yě huì xiǎng yāo mǎi gěi
嗯　可是我也會 想 要買給

wǒ mā wǒ bà wǒ dì tā men chī a
我媽我爸我弟他們吃啊

うん。でも親と弟にも買ってあげたいと思うよ

wǒ bú shì shuō bù kě yǐ kě shì ma
我不是說不可以「可是」嗎？

「でも」はダメって言ったでしょ？

生詞 覚えておきたい語句

□ 立刻 副	lìkè	ㄌㄧ、 ㄎㄜ、	すぐに / 即刻
□ 可是 接	kěshì	ㄎㄜ、 ㄕ、	しかし
□ 因為 接	yīnwèi	ㄧㄣ ㄨㄟ、	なぜなら
□ 所以 接	suǒyǐ	ㄙㄨㄛ、 ㄧ、	だから

那我再問你
nà wǒ zài wèn nǐ
じゃあ次の質問

你是不是每天都 想 要見到她？
nǐ shì bú shì měi tiān dū xiǎng yào jiàn dào tā
毎日でも彼女に会いたい？

每天…？ 還好耶
měi tiān hái hǎo ye
毎日……？ まあそうかな

因為我本來每天都會見到她啊
yīn wèi wǒ běn lái měi tiān dōu huì jiàn dào tā a
だってもともと毎日会えるんだ

為什麼你每天都會見到她？
wèi shén me nǐ měi tiān dōu huì jiàn dào tā
どうして毎日会えるの？

你們一起 上 班嗎？
nǐ men yì qǐ shàng bān ma
一緒に出勤してるの？

沒有啦
méi yǒu la

我是下班以後去找她
wǒ shì xià bān yǐ hòu qù zhǎo tā
違うよ、仕事が終わってから会いに行くんだ

為什麼你下班都會去找她？
wèi shén me nǐ xià bān dōu huì qù zhǎo tā
どうして仕事が終わったら会いに行くの？

yīn wèi tā shēngbìng a
因為她生病啊
病気になっちゃったんだ

suǒ yǐ wǒ pà tā yí ge rén huì zěn me yàng
所以我怕她一個人會怎麼樣
だから一人でどうしてるか見に行くんだ

nǐ méi yǒutīng dào wǒ de tí mù ma
你沒有聽到我的題目嗎？
わたしが言ったこと聞いた？

Wǒ bú shì shuō bù kě yǐ yǒu　yīn wèi
我不是說不可以有「因為」

yě bù néngyǒu　　suǒ yǐ
也不能有「所以」
「それは」と「だから」はダメって言ったでしょ

nǐ zhè ge rén hěn nán liáo ye
你這個人很難聊耶
話しにくい人ね

生詞 覚えておきたい語句

□ 還好	háihǎo	ㄏㄞˊ ㄏㄠˇ	まあまあ（還＋好）
□ 本來 劃	běnlái	ㄅㄣˇ ㄌㄞˊ	もともと
□ 上班 動	shàngbān	ㄕㄤˋ ㄅㄢ	出勤する
□ 下班 動	xiàbān	ㄒㄧㄚˋ ㄅㄢ	仕事が終わる、退勤する
□ 去找	qùzhǎo	ㄑㄩˋ ㄓㄠˇ	会いに行く（去＋找）
□ 生病 動	shēngbìng	ㄕㄥ ㄅㄧㄥˋ	病気になる
□ 難聊	nánliáo	ㄋㄢˊ ㄌㄧㄠˊ	話しにくい（難＋聊）

duì bù qǐ
對不起
ごめん

hǎo　　wǒ xiǎng yí xià
好　我想一下
いいわ、ちょっと考えさせて

nà dāngbīng de shí hòu
那當兵的時候

nǐ kàn bú dào tā de shí hòu
你看不到她的時候
じゃ、兵役であの人に会えなかったとき

nǐ de gǎn jué zěn me yàng
你的感覺怎麼樣？
どんな気持ちだった？

dāngbīng de shí hòu…jiù jué de
當兵的時候…就覺得

hǎo xiàng yǒu hěn duō huà xiǎng gēn tā shuō
好像有很多話想跟她說
軍隊にいたときは……話したいことがいっぱいあって

hěn qì tā dōu méi gào sù wǒ tā de xiāo xi
很氣她都沒告訴我她的消息

yòu hěn nán guò
又很難過
向こうから連絡がないとムカついてすごく悲しい

jué de tā dōu bú zài hū wǒ
覺得她都不在乎我
僕のことをどうでもいいと思ってるのかなって

kě shì dāng wǒ zài kàn dào tā de shí hòu
可是當我再看到她的時候
でも、会えた瞬間に

wǒ yòu shén me dōu bú qì le yě bù nánguòle
我又什麼都不氣了也不難過了
全然腹も立たなくなるしつらくもなくなるんだ

zhǐ shì hǎo gāo xìng hǎo gāo xìng hǎo gāo xìng
只是好高興好高興好高興…
ただ嬉しくて嬉しくて嬉しくて……

nǐ dà zhòng tè zhōng le
你大中特中了！
大当たりね！

生詞 覚えておきたい語句

□ 當 動	dāng	ㄉㄤ	（役割、任務に）就く 當兵＝兵役に就く／軍隊に入る
□ 覺得 動	juéde	ㄐㄩㄝˊ ㄉㄜ・	～と思う
□ 好像 副	hǎoxiàng	ㄏㄠˇ ㄒㄧㄤˋ	～のようだ／～に似ている ～のような気がする
□ 氣 動	qì	ㄑㄧˋ	怒る／腹を立てる（＝生氣）
□ 告訴 動	gàosù	ㄍㄠˋ ㄙㄨˋ	告げる
□ 難過 形	nánguò	ㄋㄢˊ ㄍㄨㄛˋ	つらい／苦しい
□ 不在乎 動	búzàihū	ㄅㄨˋ ㄗㄞˋ ㄏㄨ	気にかけない／問題にしない
□ 高興 形	gāoxìng	ㄍㄠ ㄒㄧㄥˋ	うれしい
□ 大中特中	dàzhòng tèzhòng	ㄉㄚˋ ㄓㄨㄥˋ ㄊㄜˋ ㄓㄨㄥˋ	大当たり 恋か否かの診断は「恋」で当たり

💜 你吃到好吃的東西 你會想要買給她吃？
nǐ chī dào hǎo chī de dōng xī　nǐ huì xiǎng yāo mǎi gěi tā chī

おいしいものを食べたとき、彼女にも買ってあげたいって思う？

エイミー恋愛問答の第1問。おいしいものを食べたとき、きれいな
ものを見たとき、好きな人と共有したいと思うのが愛のはじまり。

💜 你是不是每天都 想要見到她？
nǐ shì bú shì měitiāndōu xiǎngyāo jiàndào tā

彼女と毎日でも会いたいって思う？

日本語では「毎日＝everyday」を指すが、台湾では「都」をつける。
例えば「每天都想見她」や「每個人都喜歡她」のように「都」をつ
けないと違和感がある。

💜 好像 有很多話 想 跟她 說　彼女に話したいことはいくらでもある
hǎoxiàng yǒu hěn duō huà xiǎng gēn tā shuō

彼女と一緒にいると何気ないおしゃべりが楽しい。話したいことが
次から次にあふれてくるんだ……慶輝は小菲と過ごした時間を思い
浮かべて胸を熱くする。

💜 我再看到她的時候
wǒ zài kàndào tā de shí hòu
我又什麼都不氣了也不難過了
wǒ yòu shén me dōu bù qì le yě bù nánguò le
只是好高興好高興好高興…
zhǐ shì hǎogāoxìng hǎogāoxìng hǎogāoxìng

彼女に会えた途端、全然腹も立たないしつらくもなくなる。
ただう嬉しくて嬉しくて嬉しくて……

「什麼都不氣」は直訳すると「どんなことにも怒らない」で「什麼都」
は後段の「不難過」にもかかり「どんなこともつらくない」となる。
会えない時間は腹立たしいし悲しいけれど、会った瞬間にそんな気
持ちがきれいに消えてただただ嬉しい。慶輝はついに自分が小菲を
愛していることを自覚するのだった。

44

作品紹介② 年下のオトコ（我的男孩）

年齢もキャリアもかけ離れた二人が、さまざまな試練を乗り越えてお互いに成長していく姿を描く。果たして主人公の二人は年の差を乗り越えて結ばれるのか!?　コメディタッチながら随所に心に残るセリフ、感動を呼ぶシーンが散りばめられた恋愛ドラマの名作（2017 年 八大電視台）。

■ 主なキャスト

羅小菲
　林心如（ルビー・リン）
安慶輝
　張軒睿（デレック・チャン）
蕭也時　高聖遠
賴建國　李李仁

■ 年下のオトコ

■ あらすじ

安慶輝は専門学校で美術を学ぶ 20 歳の青年。ある日、片想いの後輩を待っていたレストランで泥酔した羅小菲に絡まれ、一晩中彼女の面倒を見る羽目に。これが縁で二人は実の姉と弟のように仲良くなる。羅小菲は広告会社のディレクターとして活躍中の 30 歳。泥酔の原因はかつての恋人・蕭也時への断ち切れない思いだった。そんな小菲を心配した姉は、ダンスの上手な公務員・賴建國を彼女に紹介する。建國と小菲は結婚を前提とした交際を始め、慶輝も片想いの後輩との距離を少しずつ縮めていく。恋愛対象としての接点はないはずの二人だったが……。運命は、慶輝の家族や友人、小菲の仕事仲間を巻き込んで大きく動いていくのだった。

▶ U-NEXT で配信中　https://video.unext.jp/

台湾の恋愛事情 カップルにもお国事情ってある？

● 彼女を「お姫さま」のように扱う

　台北の街を歩いていると男性が女性のカバンを持って歩くカップルをよく見かけるが、これはごくごく普通の光景。レストランで、もし水や食器などがセルフサービスの場合、たいていの男性が二人分をテーブルに運んでくる。食事中もかいがいしく彼女の皿に取り分けたり、エビの皮を剥いてあげるのが男性の役目。外食文化が盛んな台湾では、出勤前やお昼休みに彼女のためにテイクアウトのご飯を届けてくれる男性も少なくない。

　台湾では、彼女を娘のように可愛がったり（**把女朋友寵成女兒**）、甘やかしてダメ人間にすることがうまくいく秘訣、などと言われる。そこから生まれたのが「**公主病** gōng zhǔ bìng（お姫さま病）」という言葉。「公主病」とは、お姫さまのように何もできない（できるけど他の人に任せる）わがままな女性をさす。

　また、日本でいう「キープ君」のように、彼氏にするほどじゃないけど完全に切り捨てるのももったいない「**備胎** bèi tāi（本来の意味は予備のタイヤ）」と称される男性もいる。例えば、女性は交際相手とうまくいかないとき「備胎」の人に相談したり慰めてもらったりするのである。

● 通勤時の送迎は当たり前、男性の献身ぶりが半端ない

　カップルになると早い段階でそれぞれの家族に紹介し、家族ぐるみのつきあいが始まる。息子や娘の恋人が、まるで家族の一員のようにテーブルを囲んで一緒に食事をするシーンはドラマにも頻繁に登場する。

　車を持っている男性は、彼女のお抱えドライバーと化す。通勤時の送迎はもちろん、デート以外の彼女のお出かけもサポートする。例えば、彼女が友だちとカラオケに行く場合、男性は彼女をカラオケ店まで送ったあと彼女が

カラオケを楽しんでいる間は他のところで暇つぶしをして彼女を待つか、もし家が遠くないなら一旦帰宅して終わる頃に迎えに行く。ご存じのとおり台湾はバイク社会だが、誰しもがバイクを運転するわけではない。「いつも乗せてくれる人がいるので免許は持っていない」という女性は多いのである。

女性にやさしくほんわかと暖かい気持ちにさせてくれる男性のことを「暖男 nuǎn nán」という。これは台湾の人気女優林志玲が AKIRA 氏との結婚を決めたときのエピソード。祖母が亡くなり、泣きながら彼に電話をした彼女は不覚にも電話の途中で寝てしまった。ところが彼は電話を切らずにずっと待っていてくれた。ハッと気づいて受話器に呼びかけると、彼は「我在這裡（ここにいるよ）」とやさしく答えたという。このような男性こそまさに「暖男」。メディアは「她終於嫁給一個暖男，大家都為她高興（彼女がようやくやさしい男と結婚できて皆嬉しかった）」と伝えた。

● 台湾にはバレンタインデーが2回来る

台北で若い人がたくさん集まる街を歩くと、かなりオープンにラブラブぶりを発揮するカップルに遭遇することが多い。ハグやナデナデは当たり前。路上や電車内でのキスは普通に見える。

カップルが盛り上がる日といえばバレンタインデー（台湾では「西洋情人節」という）。日本のように女性が男性にチョコレートを贈る習慣はなく、お互いにプレゼントを送りあうのが一般的。さらに、台湾では旧暦の七夕にもバレンタインデー（七夕情人節）がある。
男性はこの日に愛を告白したり、プロポーズすることが多い。プレゼントの定番は、「末永く」という意味の『久久 jiǔ jiǔ』と同じ発音の99本のバラ。ちょっと気取ったレストランを予約して二人でディナーを楽しみ、夜景の美しいスポットで愛を語り合うのがおきまりのパターンである。

情人節のプレゼントとして人気の『玫瑰熊』（熊のカタチに整えられたバラ）

見守る愛

ràng wǒ péi nǐ hǎo bù hǎo
讓我陪你好不好？
あなたのそばにいていいでしょ？

 耀起　 戀薇

zǒu kāi
走開！
離れろ！

bú yào
不要！
いやだ！

wǒ jiào nǐ zǒu kāi la
我叫妳走開啦
離れろって言ってるんだ！

píngshén me nǐ jiào wǒ zǒu kāi wǒ jiù yào zǒu kāi
憑什麼你叫我走開我就要走開
なんで言われたとおりにしなければならないの

píng nǐ shì wǒ mèi mei kě yǐ ba
憑妳是我妹妹可以吧
お前は俺の妹だからだ

nà wǒ bú yào zuò nǐ mèi mei kě yǐ ba
那我不要做你妹妹可以吧
じゃ妹をやめればいいよね

bù kě yǐ la
不可以啦
ダメだ

48

こんな
シーン

学校で悪さを繰り返す耀起 Yàoqǐ だが繼薇 Jìwēi は彼を兄のように慕っている。ある日、煙草を所持していたことで祖母に迷惑をかけてしまった耀起は「秘密基地」でひとり落ち込んでいた。繼薇はそんな耀起を慰めようとそばに寄り添い、耀起に追い払われてもその場を動かないのだった。 >>> **妹妹 mèimei（僕らのメヌエット）の詳しい内容は p.53**

nǐ hěn qí guài ye
你很奇怪耶

おかしいよ

rén jiā bù xiǎng zuò nǐ mèimei nǐ xiǎng zěn yàng
人家不想做你妹妹你想怎樣

どう思われたって妹になりたくないもん

ér qiě wǒ běn lái jiù bú shì nǐ mèimei a
而且我本來就不是你妹妹啊

そもそも妹じゃないし

wǒ xìng Zhōu yòu bú xìng Dài
我姓周又不姓戴

苗字は周で戴じゃないし

suǒ yǐ shuō shén me wǒ dū bù huì zǒu la
所以說什麼我都不會走啦

だから何を言われても離れない

生詞 覚えておきたい語句

□ 走開	zǒukāi	ㄗㄡˇ ㄎㄞ	立ち去る / 離れる（走＋開）
□ 憑 動	píng	ㄆㄥˊ	（能力や資格に）頼る：「憑什麼你～→あなたは～する資格がない / 憑妳是我妹妹→俺の妹だから資格がある」というニュアンス
□ 人家 名	rénjiā	ㄖㄣˊ ㄐㄧㄚ	わたし（自分を皮肉る気持ちがあるときに多くは若い女性が用いる）

wǒ zài shuō yí cì ō　zǒu kāi
我再說一次喔　走開！
もう一度言うぞ　離れろ！

bài tuō la
拜託啦
お願い

wǒ zhēn de shén me dōu bú huì shuō
我真的什麼都不會說
本当にもう何も言わないから

wǒ bú huì shuō nǐ kū le
我不會說你哭了
泣いたことも言わないし

wǒ yě bú huì shuō nǐ zài shēng nǐ zì jǐ de qì
我也不會說你在 生 你自己的氣
自分に怒っていることも言わないし

wǒ yě bú huì shuō nǐ měi cì zhǐ shì xiǎng yào
我也不會說你每次只是 想 要
ràng nǐ bà nǐ mā hòu huǐ　jié guǒ què hài dào nǎi nai
讓你爸你媽後悔　結果卻害到奶奶
親に後悔させたいだけなのに結局いつもおばあちゃんに迷惑をかけちゃう
ことも言わないよ

wǒ zhēn de shén me dōu bú huì shuō la
我真的什麼都不會說啦
本当にもう何も言わないから

nǐ ràng wǒ liú xià lái péi nǐ hǎo bù hǎo
你讓我留下來陪你好不好？
そばにいさせて

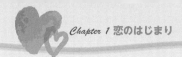

生詞 覚えておきたい語句

□ **拜託** 動	bàituō	ㄅㄞˋ ㄊㄨㄛ	お願いする
□ **哭** 動	kū	ㄎㄨ	泣く 不要哭 / 別哭 / 不哭＝泣かないで
□ **後悔** 動	hòuhuǐ	ㄏㄡˋ ㄏㄨㄟˇ	後悔する
□ **留下來**	liúxiàlái	ㄌㄧㄡˊ ㄒㄧㄚˋ ㄌㄞˊ	踏みとどまる（留＋下來）
□ **讓** 前	ràng	ㄖㄤˋ	～させる 讓 A ＋ B(動詞)＝ A に B をさせる
□ **陪** 動	péi	ㄆㄟˊ	付き添う / 同伴する

耀起と繼薇

♥ **我不要做你妹妹可以吧**
wǒ bú yàozuò nǐ mèimei kě yǐ ba

あなたの妹になりたくないもん

幼なじみで兄妹のように育った繼薇と耀起だが、繼薇はすでに自分の耀起に対する気持ちが妹のそれではないと気づいている。「妹なんだから言うことを聞け」と耀起に言われて思わず口にした言葉。「"做"你妹妹」は「あなたの妹 (の役) をやる」というニュアンス。

♥ **我真的什麼都不會說**
wǒ zhēn de shén me dōu bú huì shuō

我不會說你哭了
wǒ bú huì shuō nǐ kū le

我也不會說你在 生 你自己的氣
wǒ yě bú huì shuō nǐ zài shēng nǐ zì jǐ de qì

泣いたことも自分に腹を立ててることも何も言わないよ

耀起の様子を見るだけで彼の気持ちがわかってしまう繼薇。自分の弱みを誰にも知られたくないこともわかっている。だから「不會說＝内緒にするから」を重ねて使う。
疑問詞＋都／也＝「すべて、いずれも」例他什麼都會（彼は何でもできる）　我哪裡都不去（俺はどこにも行かない）

♥ **你讓我留下來陪你好不好？**
nǐ ràngwǒ liú xià lái péi nǐ hǎo bù hǎo?

あなたのそばにいさせて

叱られても追い払われても耀起のそばを離れない繼薇。傷ついた彼をどうやって慰めてよいのかわからないけど、ただただそばにいたい、という繼薇の想いが伝わるセリフ。耀起もまたそんな繼薇の気持ちをひしひしと感じて涙を流す。壁越しの会話ながら二人の深い絆が感じられる切ないシーン。

作品紹介③　僕らのメヌエット（妹妹）

幼なじみの二人がたどる 10 年にわたる切ない恋の物語。恋愛ドラマの名手といわれる徐誉庭が手がけた脚本には心に残るシーンや珠玉のセリフがちりばめられている。五月天の挿入曲やアニメの使い方も印象に残る。ドラマに登場する「秘密基地」のロケ地となった平渓線・菁桐駅の廃墟も話題をさらった（2014 年　八大電視台）。

■ 主なキャスト

周繼薇　安心亞（アンバー・アン）
戴耀起　藍正龍（ラン・ジェンロン）
方紹敏　莫允雯
袁　方　安哲

■ あらすじ

周家の 3 姉妹の末娘・繼薇は、男の子の誕生を望んでいた母に「悲哀（悲劇の子）」というあだ名をつけられ、いつもほったらかしにされていた。繼薇は隣に住む戴家に入りびたり、戴家の一人息子・耀起を兄のように慕って育つ。耀起は 10 歳のときに母が家出をして以来、祖母と二人で暮らしている。家族のことでいじめられた耀起を庇（かば）うのはいつも繼薇だった。高校生になった耀起は学校で問題ばかり起こしていたが、祖母と繼薇だけは耀起の心を巣食う深い悲しみを理解していた。やがて繼薇は耀起への恋に気づくが、耀起は繼薇を残して台北へと引っ越してしま

う。10 年後、ひたすら耀起との再会を願って奮闘してきた繼薇の前に耀起が現れる。しかし彼にはすでに同棲している彼女がいた。再び兄妹の関係を始めた二人だが、ある秘密がきっかけで耀起の本心が明らかになり…。

大流行したドラマ / 映画のセリフ

● 可是瑞凡 我回不去了　kě shì Ruìfán wǒ huí bú qù le
でもね瑞凡　わたしはもう戻れないの

　ドラマ『犀利人妻 xī lì rén qī（邦題：結婚って幸せですか）』（2010年）のセリフ。働き盛りの夫と献身的な妻。瀟洒な一軒家に暮らし可愛い娘にも恵まれた。そんな理想的な家庭が夫の不倫によって崩れていく。不倫相手に翻弄され落ちぶれていく夫に対し、専業主婦だった妻は自立してキャリアと自信を手に入れ美しく変貌していく。ドラマの最終回は画期的な高視聴率を叩き出した。

　最終回。不倫を深く悔い、涙ながらに「もう一度やり直したい」と訴えかけてくる夫に、妻は「可是瑞凡　我回不去了」と返す（瑞凡は夫の名前）。相手を思いやりながらも決然とした妻の態度に多くの視聴者が共感し、喝采した。そして、放送後にはこのセリフが一人歩きし、「頬をビンタ（打臉）されたように強く否定する」場面でよく応用されるようになった。例えば、男：我準備了好久，明天要跟學妹告白（長く準備して明日いよいよ後輩に告白するよ）。女：可是瑞凡，學妹已經跟別人在一起了（だけど瑞凡、あの子はもうほかの人とつき合ってるよ）。といった具合。また不倫相手の女性を表す「小三 xiǎo sān」という言葉も世間を賑わせた。

● 留下來，或者我跟你走　liú xiàlái, huòzhě wǒ gēn nǐ zǒu
ここに残って、それか僕は君と一緒にいるよ

　映画『海角七號 hǎi jiǎo qī hào』（2009年）のクライマックスシーンのセリフ。ミュージシャンになる夢をあきらめ台北から故郷の恒春（台南）に戻り郵便配達の仕事を始めた主人公阿嘉は、60年前に日本人男性が書いた恋文を見つける。地元で行われるコンサートへの出演をきっかけに新たな一歩を踏み出した阿嘉は、バンドのマネージメントをしていた日本人の友子と知り合い、次第に心を通わせるようになる。コンサート当日、60年前の手紙を相手に届けることに成功した阿嘉が、海岸で待つ友子に告げたのがこのセリフ。留下來も我跟你走も「一緒にいる」という意味。つまりは「一緒にいよう」という強力な愛の告白なのである。

Chapter 2

恋のかけひき

shuí péi wǒ chī wǎn cān
誰陪我吃晚餐？

誰が俺と夕飯を食べてくれるの？

茶蘼 Ep.1

有彦　　如薇

na wǒ zěn me bàn
那我怎麼辦？

じゃあ俺はどうすればいいんだ？

shén me zěn me bàn
什麼怎麼辦？

どうするって何を？

wàn yī nǐ kǎoshàng le　　pǎo qù shàng hǎi gōngzuò
萬一你考上了　跑去上海工作

もし君が（昇級試験に）受かって、上海に仕事に行ったら

nà shuí péi wǒ chī wǎn cān
那誰陪我吃晚餐？

誰が俺と夕飯を食べてくれるの？

nà shuí péi wǒ kàn diànyǐng
那誰陪我看電影？

誰が俺と一緒に映画を観るの？

nà shuí péi wǒ jiǎng huà
那誰陪我講話？

誰が俺とおしゃべりするの？

こんな
シーン

即席麺の会社で働く如薇 Rúwēi は、上海に赴任してキャリアアップする
チャンスをつかむ。このチャンスを逃したくない如薇だが、同棲中の恋
人有彦 Yǒuyàn は遠距離恋愛に消極的だ。仕事終わりのいつもの帰り道、
二人はこれからどうするか、お互いの考えを話し合う。

>>> 荼蘼 túmí（恋のはじまり 夢の終わり）の詳しい内容は p.65

zhè yàng tīng qǐ lái
這樣聽起來

nǐ de nǚ yǒu shì ge gōng jù ō
你的女友是個工具喔？

あなたにとって彼女はただの道具みたいに聞こえるけど？

wǒ xiān shuō yuǎn jù lí liàn ài
我先說遠距離戀愛

wǒ yīng gāi huì biàn xīn
我應該會變心

先に言っておくけど遠距離恋愛なら俺は心変わりすると思うよ

生詞 覚えておきたい語句

□ 萬一 副	wànyī	ㄨㄢˋ ㄧ		ひょっとして / 万が一
□ 考上	kǎoshàng	ㄎㄠˇ ㄕㄤˋ		試験に合格する
□ 講話	jiǎnghuà	ㄐㄧㄤˇ ㄏㄨㄚˋ		話をする
□ 聽起來	tīngqǐlái	ㄊㄧㄥ ㄑㄧˇ ㄌㄞˊ		～のように聞こえる
□ 女友 名	nǚyǒu	ㄋㄩˇ ㄧㄡˇ		(女性の)恋人 女朋友の省略形
□ 工具 名	gōngjù	ㄍㄨㄥ ㄐㄩˋ		道具
□ 變心	biànxīn	ㄅㄧㄢˋ ㄒㄧㄣ		心変わり

57

nǐ gǎn
你敢
できるもんならしてみなよ！

wǒ shì shuōzhēn de
我是說真的
本気だぞ

nà jiù yì qǐ qù ma
那就一起去嘛
それなら一緒に行こうよ

生詞 覚えておきたい語句

□ **你敢**	nǐgǎn	ㄋㄧ ˇ ㄍㄢ ˇ	やりなさい [敢](助動詞)は勇気を出して何かを行うこと 直訳すると「やる勇気があるならやってみろ」→相手に強く警告し、「やめなさい・するな」という意味
□ **那就**	nàjiù	ㄋㄚ ˋ ㄐㄧㄡ ˋ	それなら 那就好＝それならよかった
□ **一起** 副	yìqǐ	ㄧ ˋ ㄑㄧ ˇ	一緒に 一起去＝一緒に行く
□ **嘛** 助	ma	ㄇㄚ ·	～しようよ（語気助詞） 相手にねだるときに使う

恋の表現

nà shuí péi wǒ chī wǎncān
💜 **那誰陪我吃晚餐？** 誰が俺と夕飯を食べてくれるの？

nà shuí péi wǒ kàndiànyǐng
那誰陪我看電影？ 誰が俺と一緒に映画を観るの？

nà shuí péi wǒ jiǎnghuà
那誰陪我講話？ 誰が俺とおしゃべりするの？

離ればなれになることの不安を正直に吐露する有彦。言下に「だから俺をおいて行くな」という気持ちをにじませている。「陪」は「付き添う、お供する」という意味。

wǒ xiānshuōyuǎn jù lí liàn ài   wǒ yīng gāi huì biàn xīn
💜 **我先說遠距離戀愛　我應該會變心**
先に言っておくけど遠距離恋愛なら俺は心変わりすると思うよ
彼女のチャンスを素直に喜べない有彦は「行かないでくれ」を遠回しにこう表現。

如薇と有彦
『恋の始まり 夢の終わり』©2016 Q Place, All Rights Reserved.

遠距離恋愛は可能？

有彦　如薇

一起去！
yì qǐ qù

一緒に行きましょう！

shì shuí shuō jiā bān jiā dào guò láo sǐ
是誰說加班加到過勞死

yí ge yuè yě cái lǐng wǔ wàn
一個月也才領五萬

過労死するほど残業しても月給はたったの五万元といったのは誰？

Shàng hǎi jī huì nà me duō
上海機會那麼多

上海にはチャンスがたくさんあるのよ

ér qiě nǐ bú shì yǒu shuō
而且你不是有說

それにあなたはこうも言ったわ

hěn duō dà shī dōu zài nà biān shè fēn bù
很多大師都在那邊設分部

あっちには支部を作った巨匠がたくさんいるし

měi tiān dōu yǒu shì jiè jí de jiàn àn zài fā shēng
每天都有世界級的建案在發生

毎日世界的な建設計画が生まれている

nǐ qù kě yǐ xué duō shào dōng xī
你去可以學多少東西

行ったら学べるものがたくさんあるって

こんな
シーン

scene 07 の続き。上海でチャンスをつかみたい如薇と、彼女を上海に行かせたくない有彦は、答えの見つからない話し合いを続ける。遠距離恋愛に踏み出すか、上海をあきらめて有彦との生活をとるか。如薇がどちらを決断するかがこのドラマの大きなテーマでもある。

>>> 茶靡（恋のはじまり 夢の終わり）の詳しい内容は p.65

yì qǐ qù ma
一起去嘛！
一緒に行こうよ！

wèn tí shì wǒ bà wǒ mā zěn me bàn
問題是我爸我媽怎麼辦
問題は俺の両親をどうするかだよ

nǐ zhǐ shì qù pīn ge sān nián wǔ nián
你只是去拼個三年五年
たった 3 年か 5 年くらいがんばるだけだもの

nǐ yòu bú shì dōu bù huí lái le
你又不是都不回來了
一生帰ってこないわけじゃないから

生詞　覚えておきたい語句

□ 領 動	lǐng	ㄌㄧㄥ ˇ	受け取る
□ 大師 名	dàshī	ㄉㄚ ˋ ㄕ	巨匠 /（ある分野の）大家
□ 建案 名	jiànàn	ㄐㄧㄢ ˋ ㄢ ˋ	建築プラン
□ 拼 動	pīn	ㄆㄧㄣ	必死でやる / 全力でやる

chèn tā men shēn tǐ hái

趁他們身體還OK

彼らがまだ元気なうちに

nǐ bú xiàn zài pīn shén me shí hòu pīn a

你不現在拼什麼時候拼啊

いまがんばらなくていつがんばるの

yuǎn jù lí liàn ài　　　wǒ huì xiānbiàn xīn ō

遠距離戀愛　我會先變心喔

遠距離恋愛ならわたしが先に心変わりしちゃうよ

nà jiù bú yào qù a

那就不要去啊

だったら行かないでよ

yì qǐ qù

一起去！

一緒に行こうよ！

bú yào qù la

不要去啦！

行くなよ！

nǐ shì zhēn de bù xiǎng qù ō

你是真的不想去喔？

本当に行きたくないの？

děng nǐ kǎo shàng zài shuō ma

等你考上再說嘛

君が試験に受かってから考えよう

生詞 覚えておきたい語句

| □ 趁 _前 | chèn | ㄔㄣˋ | 〜のうちに / 〜に乗じて |
| □ 還 _副 | hái | ㄏㄞˊ | まだ
還 OK ＝まだ元気 |

恋の表現

♥ yuǎn jù lí liàn ài　　wǒ huì xiān biàn xīn ō
遠 距離戀愛　我會先變心喔

遠距離恋愛ならわたしが先に心変わりしちゃうよ

前のシーンで有彦は「我先說遠距離戀愛　我應該會變心」と言って
いる。如薇はこれをそのまま引用して言い返す。

♥ yì qǐ qù　　　　bú yào qù la
一起去！　不要去啦！

一緒に行こうよ！　行くなよ！

一緒に行きたい如薇は「(我們) 一起去！」と言い、上海に行かせた
くない有彦は「(你) 不要去啦！」と応戦する。語気助詞の「啦」は、
断定的な気持ちを表している。

♥ děng nǐ kǎo shàng zài shuō ma
等你考上再說嘛

君が試験に受かってから考えよう

「再說」は「またそのとき考えよう」という意味で、「いま考えたく
ないから後回しにしよう」と思うときによく使われる言葉。意見が分
かれ、このままだとケンカになってしまう……そう思った有彦のケン
カを避けたい気持ちが表れている。

恋の単語＆フレーズ　②

● **接吻 / 親親 / 親吻**（キスする）jiē wěn / qīn qīn / qīn wěn

親一下！チューして！

我想吻妳。君にキスしたいな。

● **做愛 / 愛愛 / 上床**（セックスする）zuò ài / ài ài / shàng chuáng

我想要愛愛。セックスしたいな。

「做愛」「上床」はちょっと露骨で卑猥な印象がある。ふんわり表現したいときは「愛愛」がベスト。

● **告白**（告白する）gào bái

我今天一定要跟他告白！ 今日こそ彼に告白するわ！

● **擁抱 / 抱抱**（ハグする）yǒng bào / bào bào

抱抱我吧。ハグして。

我想緊緊抱著你。あなたを強く抱きしめていたい。

● **恩愛 / 甜蜜**（ラブラブな様子）ēn ài / tián mì

那對老夫妻還是很恩愛。あの老夫婦は今でもラブラブだ。

年輕時交往總是甜蜜。若いころの交際はいつもラブラブだった。

● **劈腿**（二股する）pī tuǐ

我男朋友劈腿了。わたしのカレが二股したの。

● **外遇 / 偷吃**（浮気する）wài yù / tōu chī

張太太懷疑丈夫外遇。張さんの奥さんは夫の不倫を疑っている。

竟然在太太懷孕時偷吃，不可原諒。

奥さんが妊娠している間に浮気するなんて許せない。

「偷吃」は愛情と関係なく恋人以外の人とキスしたり、抱き合ったり、セックスしたりすること。キャバクラの女の子とキスなどをするのも「偷吃」と言える。

作品紹介④ 恋の始まり 夢の終わり（茶蘼）

原題の『茶蘼 Túmí』はバラ科の花の名前。花の季節はやがて終わるが、同時に新しい花の季節の到来も感じさせる。その様子をヒロインの生き方に重ね合わせたもの。英語のタイトル「Life Plan A and B」は人生の岐路に立たされた女性が直面する二つの選択肢を表す。ドラマは、チャンスをつかみキャリアアップしていく人生と、恋を優先して平凡だが幸せな家庭を営む人生を同時に描いていく。（2016 年　台湾電視）。

■ 主なキャスト

鄭如薇　楊丞琳（レイニー・ヤン）

湯有彦　顔毓麟（ケニー・イェン）

容亦超　路斯明（ジョニー・ルー）

■ あらすじ

建築事務所で働く湯有彦は、会社の窓越しに見えるコンビニでいつも即席麺を食べている鄭如薇に恋をする。有彦は偶然を装って如薇に近づき、彼女の心を射止めることに成功し、二人は順調に愛を育み始めた。そんなある日、如薇に上海支社で責任ある職に就くチャンスが訪れる。如薇と離れたくない有彦は自分も上海で新しい仕事に挑戦する決意をするが、二人の計画は有彦の父親の自動車事故によって断たれてしまう。夢のために上海での生活に踏み出すのか（プラン A）、有彦のために上海赴任をあきらめるのか（プラン B）……。如薇は難しい判断を迫られることになる。プラン A を選んだ如薇はキャリアを得る代わりに大きな悲しみに直面し、プラン B を選んだ如薇は有彦の家族のために自分を犠牲にする代わりに母になる経験を得る。果たして如薇はどちらのプランを選ぶのか。

■ 恋の始まり 夢の終わり ©2016 Q Place, All Rights Reserved.

▶ U-NEXT で配信中　https://video.unext.jp/

scene 09

一途な想い

wǒ fā shì
我發誓

わたし誓います！

 惡作劇之吻 Ep.13

直樹　湘琴

wǒ xǐ huān nǐ
我喜歡你
あなたのことが好き

hǎo xǐ huān hǎo xǐ huān
好喜歡好喜歡

cóng gāo yī jiù xǐ huān dào xiàn zài
從高一就喜歡到現在
高1の時からずっととってもとっても好き

suī rán wǒ tóu nǎo bù hǎo
雖然我頭腦不好

わたし、頭がよくないし

zuò cài zuò de yòu nán chī
做菜做得又難吃

料理もまずいし

xiōng bù yòu xiǎo kě sh
胸部又小可是…

胸も小さいけど……

bù guǎn nǎ yí yàng　wǒ dū huì nǔ lì de
不管哪一樣　我都會努力的

どれもがんばるから

x

こんなシーン

ひょんなことからデートをすることになった直樹と湘琴。郊外の観光地でボート遊びをするうちに二人して湖に落ちてしまう。びしょ濡れの洋服を乾かすために入ったホテルの部屋で、湘琴は思い切って自分の想いのたけを直樹にぶつけるのだった。

>>> 惡作劇之吻（イタズラな Kiss）の詳しい内容は p.27

jiù suàn shì gōng kè yě yí yàng

就算是功課也一樣

宿題でも同じくらいがんばる

zhēn de

真的？

本当？

zhēn de   wǒ fā shì

真的！　我發誓

本当よ！　わたし誓います

生詞　覚えておきたい語句

□ 從〜到〜 句	cóng〜 ㄘㄨㄥˊ 〜 dào〜 ㄉㄠˋ 〜	〜から〜まで
□ 雖然 接	suīrán ㄙㄨㄟ ㄖㄢˊ	〜だけれど
□ 做菜	zuòcài ㄗㄨㄛˋ ㄘㄞ	料理 做（作る）＋菜（おかず）
□ 不管 接	bùguǎn ㄅㄨˋ ㄍㄨㄢˇ	おかまいなしに／関係なく 不管…(疑問文)…都/也：たとえどうであっても 例不管下不下雨，我都要去（たとえ雨が降っても行く）
□ 就算 接	jiùsuàn ㄐㄧㄡˋ ㄙㄨㄢˋ	たとえ〜でも
□ 功課 名	gōngkè ㄍㄨㄥ ㄎㄜˋ	宿題

wǒ zhēn de hěn gāoxìng ye
我真的很高興耶
そりゃとってもうれしいなあ

hěn gāoxìng nǎi huì yuàn yì wèi wǒ biànchéng cái nǚ
很高興妳會願意為我變成才女
お前が俺のために才媛になってくれるとはうれしいね

qí zhōngkǎo bú shì kuàidào le ma
期中考不是快到了嗎
もうすぐ中間テストだ

nǐ jīn tiān gào bái yǒu duōshǎochéng yì
妳今天告白有多少誠意
お前の今日の告白にどれくらいの誠意があったか

生詞 覚えておきたい語句

□ 發誓 動	fāshì	ㄈㄚ ㄕˋ	誓う
□ 耶 助	ye	一ㄝ	語気助詞
□ 願意 動	yuànyì	ㄩㄢˋ 一ˋ	したいと思う
□ 才女 名	cáinǚ	ㄘㄞˊ ㄋㄩˇ	才媛
□ 期中考 名	qízhōngkǎo	ㄑ一ˊ ㄓㄨㄥ ㄎㄠˇ	中間テスト 期中＋考（考試＝テスト）
□ 快到了	kuàidàole	ㄎㄨㄞˋ ㄉㄠˋ ㄌㄜ・	もうすぐくる
□ 拿 動	ná	ㄋㄚˊ	とる（獲得する） 拿100分＝100点とる

68

jiù kàn nǐ chéng jī kě yǐ ná jǐ fēn
就看妳 成 績可以拿幾分
その成績次第だな

zhè yàng nǐ dǒng le ba
這樣妳懂了吧
わかったか

恋の表現

hǎo xǐ huān hǎo xǐ huān cóng gāo yī jiù xǐ huān dào xiàn zài
好喜歡好喜歡 從高一就喜歡到現在！
高1のときから今までずっととってもとっても好き！

好きになってもらえないとわかっていても直樹への想いが止められない湘琴のまっすぐすぎる告白。

bù guǎn nǎ yí yàng wǒ dū huì nǔ lì de
不管那一樣 我都會努力的
どれもがんばるから

頭もよくないし料理も下手だし胸も小さいけど「どれもがんばる」。いじらしくてかわいいセリフ。

hěn gāo xìng nǎi huì yuàn yì wèi wǒ biàn chéng cái nǚ
很高興妳會 願意為我變 成 才女
お前が俺のために才媛になってくれるとはうれしいね

嫌味たっぷり、冷たく突き放すような言い方。この直樹のツンデレぶりがこのドラマの見どころの一つである。「為 (了)」は「誰かのために」：例我可以為了你放棄去上海（あなたのために上海に行くのをやめてもいい）

scene 10

俺の気持ちに気づいてよ

wǒ jué de
我覺得
wǒ chāo shì hé de
我超適合的

俺は君の条件にピッタリだよ

我可能不會愛你　Ep.2

大仁　又青

yǐ hòu děng wǒ biàn chéng gū dú lǎo rén le
以後等我變成孤獨老人了
いつか、一人ぼっちの老人になったら

nǐ bù guǎn xíng dòng zài bù fāng biàn
你不管行動再不方便
あなたが動きにくくなってても

dōu yí dìng yào lái ān yǎng zhōng xīn kàn wǒ ō
都一定要來安養中心看我喔
必ず老人ホームに会いに来てね

nǐ wèi shén me huì biàn gū dú lǎo rén
妳為什麼會變孤獨老人
なんで一人ぼっちの老人になるのさ

xià wǔ jiù wú liáo a
下午就無聊啊
午後退屈だったから

jiù bǎ suǒ yǒu wǒ shēn biān de dān shēn nán rén
就把所有我身邊的單身男人
quán bù dōu ná chū lái fēn xī le yí biàn
全部都拿出來分析了一遍
回りの独身男性を全部分析したの

こんな
シーン

30歳になっても恋人ができず焦りを感じ始めている又青 Yòuqīng。日ごろ自分が考えていることを親友の大仁 Dàrén に打ち明ける。実はずっと前から又青のことが好きな大仁は、そのことを隠して「よき話し相手」に徹しようとするが、言葉の端々に本心が見え隠れする。

>>> 我可能不會愛你 wǒ kěnéng bù huì ài nǐ（イタズラな恋愛白書）の詳しい内容は p.91

jié guǒ fā xiàn
結果發現

wǒ jìng rán méi yǒu yí ge
我竟然沒有一個

kě yǐ nǔ lì de duì xiàng ye
可以努力的對象耶

なんとがんばろうと思わせられる人が一人もいなかったの

shuōshuō kàn nǐ de biāozhǔn
說說看妳的標準

君の条件を言ってみて

生詞 覚えておきたい語句

□ 安養中心 名	ānyǎng zhōngxīn	ㄢ 一ㄤˇ ㄓㄨㄥ ㄒ一ㄣ	老人ホーム
□ 無聊 形	wúliáo	ㄨˊ ㄌ一ㄠˊ	退屈な / 手持ちぶさたな
□ 單身男人 名	dānshēn nánrén	ㄉㄢ ㄕㄣ ㄋㄢˊ ㄖㄣˊ	独身男性
□ 竟然 副	jìngrán	ㄐ一ㄥˋ ㄖㄢˊ	驚いたことに / 意外にも
□ 說說看	shuōshuō kàn	ㄕㄨㄛ ㄕㄨㄛ ㄎㄢˋ	言ってみる
□ 標準 名	biāozhǔn	ㄅ一ㄠ ㄓㄨㄣˇ	基準 / 標準 / 条件

71

nǐ yào bāng wǒ jiè shào a
你要幫我介紹啊
紹介してくれるの？

qí shí hěn jiǎn dān na
其實很簡單吶
実はシンプルなの

zhǐ yào bú yào zhǎng de wāi guā liè zǎo de
只要不要長得歪瓜劣棗的
見た目はひどすぎなければいい

xīn shuǐ gēn wǒ chà bù duō
薪水跟我差不多
給料はわたしと同じくらいでいい

shèn zhì bǐ wǒ dī yì diǎn yě méi guān xì
甚至比我低一點也沒關係
わたしよりちょっと低くたってかまわない

dàn zhòng yào de shì yào yǒu jìn qǔ xīn
但重要的是要有進取心
でも大事なのは向上心を持っていること

wǒ jiù la
我就 OK 啦
それだけで OK ね

ō zuì zhòng yào de shì
喔…最重要的是
あ、一番大事なのは

wǒ men yào yǒu hěn duō hěn duō huà kě yǐ jiǎng
我們要有很多很多話可以講
話すことがいっぱいあること

wǒ bú yào nà zhǒng
我不要那 種
こういうのはイヤ

chú le　 wǒ ài nǐ　　qǐng gěi wǒ yì bēi shuǐ
除了「我愛你」「請給我一杯水」

zhī wài jiù wú huà kě shuō de rén
之外就無話可說的人
「愛してる」や「お水ちょうだい」以外何も話すことない人と

péi wǒ zǒu yí bèi zi
陪我走一輩子
一生一緒にいるのはイヤ

nà hǎo kě pà
那好可怕
そういうのって怖い

生詞 **覚えておきたい語句**			
□ 歪瓜劣棗 句	wāiguālièzǎo	ㄨㄞ ㄍㄨㄚ ㄌㄧㄝˋ ㄗㄠˇ	見た目がひどい / 不細工（瓜やナツメの見た目が悪いところから）
□ 薪水 名	xīnshuǐ	ㄒㄧㄣ ㄕㄨㄟˇ	給料 / 報酬
□ 差不多 副	chàbùduō	ㄔㄚˋ ㄅㄨˋ ㄉㄨㄛ	だいたい同じ / まあまあ
□ 甚至 副	shènzhì	ㄕㄣˋ ㄓˋ	～でも / そのうえ
□ 進取心 名	jìnqǔxīn	ㄐㄧㄣˋ ㄑㄩˇ ㄒㄧㄣ	向上心
□ 一輩子 名	yíbèizi	ㄧˊ ㄅㄟˋ ㄗ・	一生

怎麼聽起來
zěn me tīng qǐ lái
聞いたところ

我覺得我超適合的
wǒ jué de wǒ chāo shì hé de
俺はピッタリ合ってるじゃない

我的薪水也不差啊
wǒ de xīn shuǐ yě bù chā a
給料も悪くないし

我們有很多話聊
wǒ men yǒu hěn duō huà liáo
俺たち話すこともたくさんあって

而且我也不會常常說我愛妳
ér qiě wǒ yě bú huì cháng cháng shuō wǒ ài nǎi
おまけに俺はしょっちゅう愛してるって言わない

我在跟你講正經的耶
wǒ zài gēn nǐ jiǎng zhèng jīng de ye
わたし真面目に話してるんですけど

生詞　覚えておきたい語句

□ 聊 動	liáo	ㄌㄧㄠ ˊ	とりとめない話をする / おしゃべりする（＝聊天）
□ 常常 副	chángcháng	ㄔㄤ ˊ ㄔㄤ ˊ	しょっちゅう / たびたび
□ 正經 形	zhèngjīng	ㄓㄥ ˋ ㄐㄧㄥ	真面目な 講正經的＝真面目なことを話している　例他是個很正經的人（彼はとても真面目な人だ）

74

恋の表現

wǒ jìng rán méi yǒu yí ge kě yǐ nǔ lì de duì xiàng ye
我竟然沒有一個可以努力的對象耶

がんばってもいいと思える対象が一人もいない

「がんばってもいいと思える対象」とは、結婚相手として申し分ない男性。すでにいくつかの恋を経験した又青にとってハードルはどんどん高くなる。

wǒ jué de wǒ chāo shì hé de
我覺得我超適合的

俺は（君の条件に）ピッタリ合ってるじゃない

又青の結婚の条件を聞き出すことに成功した大仁。さりげなく自分をアピールするが「我在跟你講正經的耶（わたし真面目に話してるんですけど）」と取り合ってもらえない。

大仁と又青　　　　『イタズラな恋愛白書』©Gala Television Corporation

wǒ wán quán bú yì wài
我完全不意外

そう言うと思ったよ

我可能不會愛你　Ep.2

大仁　　又青

nǐ fàng xīn
妳放心
安心しなよ

rén shēng de lù hái hěn cháng hěn cháng
人生的路還很長很長
人生はまだまだ長い

yán tú nǐ hái huì yù dào hǎo duō hǎo duō rén
沿途妳還會遇到好多好多人
その道のりでたくさんの人と出会えるから

bú yào zài nà biān zì jǐ xià zì jǐ
不要在那邊自己嚇自己
自分を怖がらせないで

kě shì wǒ měi tiān dū zhè yàng
可是我每天都這樣

gōng zuò gōng zuò gōng zuò de
工作工作工作的
だってわたしはこんな風に仕事、仕事、仕事の毎日

shì yào dào nǎ lǐ qù yù dào rén a
是要到哪裡去遇到人啊
どこに出会いがあるわけ

こんな
シーン

scene 10 の続き。話が終わらず室内からプールサイドに移動した二人。ビールを飲みながらこれからのことについて語り合う。いい人にめぐりあえないのではないかと心配する又青を励まし慰める大仁。

>>> 我可能不會愛你（イタズラな恋愛白書）の詳しい内容は p.91

rú guǒ zhēn de yù bú dào de huà
如果真的遇不到的話

もし本当に（いい相手に）出会えないなら

dào shí hòu wǒ péi nǎi qù zhù ān yǎng zhōng xīn a
到時候我陪妳去住安養 中 心啊

そのときは一緒に老人ホームに入ってあげるよ

yì yán wéi dìng
一言為定

約束ね

生詞　覚えておきたい語句

□ 遇到 **動**	yùdào	ㄩˋ ㄉㄠˋ	出会う / 遭遇する
□ 嚇 **動**	xià	ㄒㄧㄚˋ	怖がらせる / 脅かす
□ 如果〜的話	rúguǒ~dehuà	ㄖㄨˊ ㄍㄨㄛˇ ˙〜ㄉㄜ ˙ㄏㄨㄚˋ	もし〜なら 「的話」は省略可
□ 一言為定 **句**	yìyánwéidìng	ㄧˋ ㄧㄢˊ ㄨㄟˊ ㄉㄧㄥˋ	この言葉で決まり（一度約束した以上は反故にしないという意味）

chú fēi nǐ gēn wǒ jué jiāo
除非妳跟我絕交
君が俺と絶交しない限りね

nà rú guǒ shì wǒ yù bú dào rén
那如果是我遇不到人
じゃあもし出会えないが俺のほうだったら

nǐ huì péi wǒ qù zhù ma?
妳會陪我去住嗎？
一緒に（老人ホームに）入ってくれる

bú huì
不會
入らない

wǒ wánquán bù yì wài
我完全不意外
そう言うと思った

生詞 覚えておきたい語句

□ 絕交 動 juéjiāo ㄐㄩㄝˊ ㄐㄧㄠ 絶交する / 交際を絶つ

□ 意外 形 yìwài ㄧˋ ㄨㄞˋ 意外な / 予想外な

恋の表現

<small>bú yào zài nà biān zì jǐ xià zì jǐ</small>
💜 不要在那邊自己嚇自己

自分を怖がらせないで

大仁の深い思いやりが感じられる表現。将来への不安にかられて弱気になる又青に、「自己嚇自己＝自分で自分を怖がらせる」のはやめなよと悟す大仁。台湾人はよく「在那邊～」を使うが言葉の意味はあまりなく「少／不要」と一緒によく使う。㋑少在那邊亂説／不要在那邊亂説（適当なことを言うな）

<small>rú guǒ shì wǒ yù bú dào rén　　nǐ huì péi wǒ qù zhù ma</small>
💜 如果是我遇不到人　妳會陪我去住嗎？

もし俺がいい人に出会わなかったら君は俺と（老人ホーム）に入ってくれる？

前段で言った「もし君がいい人に出会わなかったら、俺が君と一緒に老人ホームに入ってあげるよ」という又青への慰めの言葉をそのまま使って聞いている。又青の答えは瞬殺で「No」。わかっていたけど割り切れない大仁。又青が大仁の気持ちに気づくには、まだまだ時間がかかりそうである。台湾では、安養中心（老人ホーム）は身寄りのない老人がいくところで、ここに入るのは可哀想、というイメージがある。

79

俺だけが知っている君

nǐ shì yí ge
妳是一個
duō me zhí dé de rén
多麼值得的人

君はすばらしく価値のある人

我可能不會愛你 Ep.3

 大仁　又青

wǒ xiàn zài hǎo chǒu
我現在好醜
わたし今とっても醜い

yě duì
也對
まあね

jìng zi gēn běn jiù zhào bú dào
鏡子根本就照不到
nǐ zuì piàoliang de dì fāng
妳最漂亮的地方
鏡は君の一番美しいところは映せないもんだよ

yīn wèi nà xiē dì fāng zhǐ yǒu wǒ zhī dào
因為那些地方只有我知道
そういうところは俺しか知らないからな

jiù suàn máng dào jiāo tóu làn é
就算忙到焦頭爛額
死ぬほど忙しくても

tā yě huì fàng xià yí qiè xiān qù ān wèi péngyǒu
她也會放下一切 先去安慰朋友
彼女はすべてを置いても真っ先に友だちを慰める

こんな
シーン

又青は自分に気があるかもしれないと思っていた可愛い後輩がゲイだとわかり、少しだけ気持ちが揺らぎかけていた自分が許せずひどく落ち込む。電話の向こうで号泣する又青を放っておけず、大仁は又青の出張先のホテルに駆けつけた。落ち込む又青を立ち直らせようと大仁は言葉を尽くして慰める。 >>> 我可能不會愛你（イタズラな恋愛白書）の詳しい内容は p.91

jiù suàn gē ge jiě jie sǎo sao
就算哥哥姊姊嫂嫂

lǎo shì zhàn tā pián yí
老是占她便宜

兄さんや姉さんや義理の姉さんにカモにされても

tā què yě huì jué de
她卻也會覺得

nà shì yì zhǒng bèi xū yào de xìng fú
那是一種被需要的幸福

逆に彼女はそれを人に求められる幸せだと思う

生詞 覚えておきたい語句

□ 焦頭爛額 🔡	jiāotóu làné	ㄐㄧㄠ ㄊㄡˊ ㄌㄢˋ ㄜˊ	忙しすぎて疲れるし辛いという状況 例我最近因為工作和搬家的事，忙得焦頭爛額（最近仕事と引っ越しでとてつもなく忙しい）
□ 安慰 🔡	ānwèi	ㄢ ㄨㄟˋ	慰める
□ 老是 🔡	lǎoshì	ㄌㄠˇ ㄕˋ	しょっちゅう / たびたび
□ 占 🔡	zhàn	ㄓㄢˋ	占領する / ものにする
□ 被 🔡	bèi	ㄅㄟˋ	～される 被＋需要的（必要とされる）

即使被一個人 傷害了
たとえ人に傷つけられても

她也還是會讚許他的優點
彼女はその人のいいところを褒めるんだ

全世界我找不到第二個
這樣的又青
そんな又青のような人は世界中に一人しかいないよ

值得我花一個半小時
現在在這裡
僕には一時間半もかけてここに来る価値があるんだ

不過 程 又青也是有很多缺點
でも程又青にも欠点がたくさんある

其 中 她最大的缺點就是
なかでも一番の欠点は

她不喜歡麻煩別人
人に面倒をかけるのが嫌い

què lǎo shì zhǎo zì jǐ má fan
卻老是找自己麻煩
なのに自分に面倒をかける

tā gàn ma yīn wèi bié rén de è yì
她幹嘛因為別人的惡意
ér tǎo yàn zì jǐ fǒu dìng zì jǐ
而討厭自己否定自己
なんで他人の悪意で自分を嫌いになったり否定したりするの

zhè ge quē diǎn nǐ yí dìng yào gǎi diào
這個缺點妳一定要改掉
この欠点は絶対直してほしいな

生詞 覚えておきたい語句

□ 即使 接	jíshǐ	ㄐㄧˊ ㄕˇ	たとえ
□ 讚許 動	zànxǔ	ㄗㄢˋ ㄒㄩˇ	賞賛する
□ 優點 名	yōudiǎn	ㄧㄡ ㄉㄧㄢˇ	長所
□ 缺點 名	quēdiǎn	ㄑㄩㄝ ㄉㄧㄢˇ	欠点
□ 麻煩 動	máfán	ㄇㄚˊ ㄈㄢˊ	面倒をかける／わずらわせる
□ 討厭 動	tǎoyàn	ㄊㄠˇ ㄧㄢˋ	嫌う
□ 改掉	gǎidiào	ㄍㄞˇ ㄉㄧㄠˋ	すっかり改める 改（動詞）＋掉（結果補語）

nǐ yí dìng yào xiāng xìn
妳一定要相信
信じなきゃいけない

nǐ shì yí ge duō me zhí dé
妳是一個多麼值得
君はすばらしく価値のある人

jiā rén péng yǒu tóng shì
家人朋友同事

yǐ jí nà wèi hái méi chū xiàn de hǎo nán rén
以及那位還沒出現的好男人
家族や友だちや同僚、そしてまだ登場してないいい男に

hǎo hǎo de zhēn xí
好好地珍惜

hǎo hǎo de téng ài de Chéng Yòu qīng
好好地疼愛的 程又青
とても大切にされとっても愛される程又青だよ

生詞 **覚えておきたい語句**

□ 相信 動	xiāngxìn	ㄒㄧㄤ ㄒㄧㄣˋ	信じる	
□ 多麼 副	duōme	ㄉㄨㄛ ㄇㄜ·	なんと / すばらしく（感嘆）	
□ 值得 動	zhídé	ㄓˊ ㄉㄜˊ	価値がある	
□ 地 助	de	ㄉㄜ·	状態を表す助詞 好好 [地] 工作＝ちゃんと仕事する	
□ 珍惜 動	zhēnxí	ㄓㄣ ㄒㄧˊ	大切にあつかう	
□ 疼愛 動	téngài	ㄊㄥˊ ㄞˋ	かわいがる / 溺愛する	

jìng zi gēn běn jiù zhào bú dào nǐ zuì piào liang de dì fāng
♥ 鏡子根本就照不到妳最漂亮的地方
yīn wèi nà xiē dì fāng zhǐ yǒu wǒ zhī dào
因為那些地方只有我知道

鏡は君のいちばん美しいところは映せないもんだよ
だってそういうところは俺しか知らないからね

泣きはらして化粧が落ちた顔を見られて恥ずかしがる又青にかけた
大仁のひとことがかっこよすぎる!

quán shì jiè wǒ zhǎo bú dào dì èr ge zhè yàng de Yòuqīng
♥ 全世界我找不到第二個這樣的又青
世界中どこを探しても又青のような人はいないよ

すっかり自信を失ってしまった又青への慰めの言葉。これぞまさに
愛する人への最大の賛辞。このシーンの大仁のセリフは珠玉。繰り
返して聴きたい美しいフレーズが続く。

nǐ yí dìng yào xiāng xìn nǐ shì yí ge duō me zhí dé
♥ 妳一定要相信 妳是一個多麼值得
君はすばらしく価値がある人だと信じなきゃいけないよ

大仁だけが知っている又青の「最漂亮的地方」を又青自身に言って
聞かせた後の決めゼリフ。大仁の又青への深い愛情が感じられる。

hǎo hǎo de zhēn xí hǎo hǎo de téng ài de Chéng Yòuqīng
♥ 好好地珍惜好好地疼愛的程又青
とっても大切にされとっても愛される程又青だよ

上段の「妳是一個多麼值得」にかかり、正確には「とっても大切に
され愛される"価値のある"程又青」となる。これでもかとたたみか
けられる又青への賛辞。台湾では恋人や友だち、あるいは家族でも
相手をフルネームで呼ぶ。日本のようにかしこまった感じではなく、
心を割ってつきあえる人に親しみを込めて呼ぶときに使う。又青も
しばしば「李大仁」とフルネームで話しかけている。

友情か愛情か？

nǐ bù bǎ wǒ
你不把我

dāng nǚ rén
當女人？

わたしを女として見てないの？

我可能不會愛你 Ep.8

 大仁 又青

nǐ men nán dào méi yǒu kè yì tiǎo dòu wǒ men
妳們難道沒有刻意挑逗我們

女たちは故意に男たちにちょっかいを出しておいて

rán hòu yòu yào wǒ men nán rén guān shàng
然後又要我們男人冠 上

jīng chóng chōng nǎo zhè ge zuì míng ma
「精 蟲 衝 腦」這個罪名嗎？

男たちに「セックスが先」という罪を被せる

míng míng shì liǎng qíng xiāng yuè de shì qíng
明明是兩情相悅的事情

お互いにその気があったのは明らかなのに

què lǎo shì shuō wǒ men zhàn tā men de pián yí
卻老是說我們占她們的便宜

tā men nán dào méi yǒu zhàn wǒ men pián yí ma
她們難道沒有占我們便宜嗎？

いつも男が女を利用するというけど女は男を利用しないの？

こんな
シーン

scene 12 の続き。又青が泊まるホテルの部屋で飲みながら語り合う二人。
お酒のせいでちょっと大胆になった二人は際どい男女の話に踏み込む。

>>> 我可能不會愛你（イタズラな恋愛白書）の詳しい内容は p.91

gàn ma gēn wǒ fā láo sāo a
幹嘛跟我發牢騷啊

なんでわたしに愚痴を言うのよ

wǒ yòu mé iyǒuzhàn nǐ de pián yí
我又沒有占你的便宜

あなたを利用しようなんて思ってないわよ

zěn me yàng　　nǐ xiǎngzhàn ma
怎麼樣？ 妳想 占嗎？

どうした？ したいの？

lái a　　　huānyíngguāng lín
來啊 「歡迎 光 臨」

来いよ 「いらっしゃいませ！」

生詞 覚えておきたい語句

□ 刻意 形	kèyì	ㄎㄜ、 一、	故意に / 苦心して
□ 挑逗 動	tiǎodòu	ㄊㄧㄠˇ ㄉㄡ、	ちょっかいを出す / 戯れる
□ 精蟲衝腦 句	jīngchóng chōngnǎo	ㄐㄧㄥ ㄔㄨㄥˊ ㄔㄨㄥ ㄋㄠˇ	欲望に任す / セックスが先 直訳は「精子が脳に突入する」
□ 明明 副	míngmíng	ㄇㄧㄥˊ ㄇㄧㄥˊ	明らかに
□ 兩情相悅 句	liǎngqíng xiāngyuè	ㄌㄧㄤˇ ㄑㄧㄥˊ ㄒㄧㄤ ㄩㄝ、	お互いに思い合う / 相思相愛
□ 發牢騷	fāláosāo	ㄈㄚ ㄌㄠˊ ㄙㄠ	愚痴をこぼす 發 (動詞) ＋牢騷 (名詞)

又青手撐床壓在大仁上方　大仁の上に覆いかぶさって

にぃ　yǐ wéi wǒ bù gǎn ma
你以為我不敢嗎？
する勇気がないと思ってんの？

nǐ　yǐ wéi wǒ pà nǎi de gǎn ma
妳以為我怕妳的敢嗎？
君にその勇気があっても俺は怖くないけど？

好像要接吻的氣氛　キスしそうになる

wèi shén me rén jiā dōu shuō
為什麼人家都說

nán nǚ zhī jiān bù　kě néng huì yǒu chún yǒu yì
男女之間不可能會有純友誼
どうして人は男女の間に純粋な友情があるはずないと言うのかな

wǒ xiǎng yīng gāi shì dà jiā de jīng yàn zhí ba
我想 應該是大家的經驗值吧
経験からじゃないかな

suǒ yǐ　nǐ　bù bǎ wǒ dāng　nǚ rén
所以…你…不把我當…女人？
ってことは……あなた……わたしを……女としてみてないの？

shì nǐ bù bǎ wǒ dāng nán rén ba
是妳不把我當男人吧
そっちの方が、俺を男としてみてないだろ？

88

nà　　nǐ wèi shén me shuō
那…你為什麼說…

nǐ bù kě néng huì ài wǒ
「你不可能會愛我」？

じゃ……どうして……「わたしを愛するはずない」と言うの？

生詞　覚えておきたい語句

□ 以為 動	yǐwéi	ーˇ ㄨㄟˊ	～と思う
□ 友誼 名	yǒuyì	ーㄡˇ ーˋ	友情　純友誼＝純粋な友情
□ 經驗 名	jīngyàn	ㄐーㄥ ーㄢˋ	経験
□ 把A當B	bǎ A dāng B	ㄅㄚˇ A ㄉㄤ B	把A當B　AをBとしてあつかう 把我當女人＝私を女性としてあつかう
□ 可能 副	kěnéng	ㄎㄜˇ ㄋㄥˊ	可能である／可能性がある

大仁と又青　　　　『イタズラな恋愛白書』©Gala Television Corporation

為什麼人家都說
wèishén me rén jiā dōushuō

男女之間不可能會有純友誼
nán nǚ zhī jiān bù kě néng huì yǒuchúnyǒu yì

どうして人は男女の間に純粋な友情はあるはずないと言うのかな

酔って少し大胆になった二人の話題は男女のセックスに及ぶ。ふざけ半分でキスしそうになった瞬間、我に返った又青のセリフ。「男女が同じベッドに寝ていても親友同士ならセックスなんてしないよね、わたしたちみたいに」と言いたかったようだ。

你不把我當女人？
nǐ bù bǎ wǒ dāng nǚ rén

あなたはわたしを女としてみてないの？

あまりにも仲が良すぎて大仁を男としてみられない又青だが、自分が女としてみられないのは少し寂しい……。女心は複雑なのである。

為什麼說「你不可能會愛我」？
wèishé me shuō　　nǐ bù kě néng huì ài wǒ

どうして「わたしを愛するはずない」と言うの？

「你不可能會愛我」は、ドラマのタイトル「我可能不會愛你」という大仁の口ぐせを又青視線でもじったもの。大仁と又青の関係性と二人のこれからを暗示する大切な言葉である。はじめて出会った高校生のときから、大仁は又青に対してたびたび「我可能不會愛你」と言ってきた。その真意を又青が知るのは、まだずっと先のことなのである。

作品紹介⑤ イタズラな恋愛白書（我可能不會愛你）

高校時代からお互いに何でも話せる親友だった男女が30代になりさまざまな経験を経て新たな関係を築いていく姿を描くドラマ。台湾のエミー賞と言われる金鐘賞で主演女優賞、主演男優賞を含む7部門での受賞を果たした話題の名作ドラマ。韓国、中国、日本でリメイクされている（2011年　八大電視台）。

■ イタズラな恋愛白書〜 In Time With You
〜 オリジナル・バージョン
コンプリート・シンプル DVD-BOX シリーズ
DVD: 5,000 円＋税
発売元：NBC ユニバーサル・エンターテイメント

■ 主なキャスト

程又青　林依晨（アリエル・リン）

李大仁　陳柏霖（チェン・ボーリン）

丁立威　王陽明

Maggie　陳匡怡

■ あらすじ

シューズメーカーで働く程又青と航空会社のグランドスタッフを務める李大仁は、高校生のころからの「何でも話せる特別な友人」の関係。30歳になっても恋人ができないことに焦りを感じ始めた又青に対し、大仁は同僚の後輩女性に告白されて何となく交際を始める。一方で又青を愛することを自分の人生から除外できないことに悩み続けている。そんななか、突然又青の前に元カレの丁立威が現れる。別れの原因が浮気だったためにヨリを戻すことに慎重だった又青だったが、立威の強引さに負けて交際を再開し、やがてプロポーズされる。大仁は又青から距離を置くため悲しみのうちにシンガポールへ赴任するが、思わぬ出来事が二人を新たな関係に導いていく……

『イタズラな恋愛白書』©Gala Television Corporation

Chapter 3

恋の決断

交際を許して

nǐ bǎ tā huán gěi wǒ
妳把她還給我
hǎo bù hǎo
好不好
彼女を僕に返して！

 耀起　 周媽媽

cóngxiǎo dào dà wǒ dōu tīng nǐ de
從小到大我都聽妳的
小さい頃からずっと言われたとおりにしてきた

bù guǎn nǐ mà wǒ　bù xiāng xìn wǒ
不管妳罵我　不相信我
いくら怒られても　信用されなくても

bú ràng wǒ gēn Zhōu Jì wēi zài yī qǐ
不讓我跟周繼薇在一起
wǒ dōu tīng nǐ de
我都聽妳的
周繼薇とつき合わせないというあなたの言うとおりにしてきた

nà shì yīn wèi zì cóng wǒ mā zǒu le zhī hòu
那是因為自從我媽走了之後
お母さんがいなくなった後

wǒ jiù bǎ nǐ dāng zì jǐ de lìng yí ge mā mā
我就把妳當自己的另一個媽媽
俺はずっとあなたをもう一人のお母さんだと思っていたから

こんな
シーン

家族の問題や素行の悪さが原因で繼薇の母から繼薇との交際を禁じられて
きた耀起。しかし祖母の死が引き金となり、繼薇への気持ちを抑えられな
くなっていた。ある日、意を決した耀起は夜中自転車を走らせて台北から
田舎の周家にやってくる。いよいよ繼薇の母と対峙するときがきたのだ。

>>> 妹妹（僕らのメヌエット）の詳しい内容は p.53

dàn zhè yí cì wǒ bú yào zài tīng nǐ de le
但這一次我不要再聽妳的了
だけど今回はあなたの言うことは聞けないんだ

wǒ jīn tiān huì guì zài zhè lǐ shì yīn wèi
我今天會跪在這裡是因為
今日ここでひざまづいているのは

wǒ zhī dào zhǐ yǒu mā mā huì zhēnzhèng
我知道只有媽媽會真 正
yuánliàng hái zi zuò cuò de rèn hé shì
原 諒孩子做錯的任何事
本当に子供の過ちを許せるのは母だけだとわかったからです

生詞　覚えておきたい語句

□ 罵 動	mà	ㄇㄚˋ	叱る / どなる
□ 聽妳的	tīngnǐde	ㄊㄧㄥ ㄋㄧˇ ㄉㄜ·	あなたの言うとおりにする
□ 另一個 代	lìngyíge	ㄌㄧㄥˋ ㄧˊ ㄍㄜˋ	もう一つ（一人）の
□ 跪 動	guì	ㄍㄨㄟˋ	ひざまづく
□ 任何事	rènhéshì	ㄖㄣˋ ㄏㄜˊ ㄕ	どんなことでも 任何（いかなる）＋事

tā　yí　dìng huì tīng wǒ　de
她一定會聽我的
あの子は必ずわたしの言うことを聞くわ

nǐ　huì yuánliàng Zhōu Jì　wēi
妳會原諒周繼薇
あなたは周繼薇を許します

nǐ　yě　huì yuánliàng wǒ
妳也會原諒我
俺のことも許します

nǐ　jiù　yǐ jīng yǒu nǚ péngyǒu le
你就已經有女朋友了
あなたにはもう彼女がいるじゃない

tā　yě　nán péngyǒu
她也男朋友
あの子にも彼氏がいるし

nǐ　menliǎng ge　zhè yàng bú　shì hǎo hǎo de　ma
你們兩個這樣不是好好的嗎？
ふたりともこのままでいいじゃない？

nǐ　wèi shén me yào tú　rán zhè yàng nào
你為什麼要突然這樣鬧
なんで急にこんなふうにしつこくするの

wǒ huì　qù zhǎo yí　ge zhèngdàng de gōng zuò
我會去找一個正當的工作
俺はまともな仕事を探して

zuò yí ge píng fán de rén
做一個平凡的人

普通の人になって

gēn Zhōu Jì wēi guò zhe píng fán de shēnghuó
跟周繼薇過著平凡的生活

周繼薇と平凡な暮らしをするから

rén jiā shì jiàn zhú shī yě hěn ài Zhōu Jì wēi
人家是建築師也很愛周繼薇

その彼氏は建築家だし周繼薇をとても愛しているのよ

nǐ wèi shén me bù dāng rén jiā gē ge jiù hǎo le
你為什麼不當人家哥哥就好了

あなたはずっと兄のままでいいじゃない

yīn wèi wǒ bú yào zài zì bēi le
因為我不要再自卑了

もう劣等感を持ちたくないから

生詞 覚えておきたい語句

□ 原諒 動	yuánliàng	ㄩㄢˊ ㄌㄧㄤˋ	許す
□ 鬧 動	nào	ㄋㄠˋ	騒ぎ立てる / 面倒を起こす
□ 自卑 形	zìbēi	ㄗˋ ㄅㄟ	卑下している / 劣等感をもつ

nǐ zhēn de shì
你真的是…
あなたって人は……

wǒ cóngxiǎo dào dà méi yǒu yǒng qì
我從小到大沒有勇氣
子供のころからずっと勇気がなくて

qù wèi zì jǐ zhēng qǔ guò rèn hé yī jiàn shì
去為自己爭取過任何一件事
自分のために何かを努力したことないけど

rú guǒ zhè cì wǒ zài bù zhēng qǔ de huà
如果這次我再不爭取的話
もし今回本気を出さなかったら

wǒ jiù shén me dōu méi yǒu le
我就什麼都沒有了
俺には何もなくなってしまうんだ

wǒ bà wǒ mā wǒ nǎi nai
我爸 我媽 我奶奶

wǒ bú yào méi yǒu Zhōu Jì wēi
我不要沒有周繼薇
父も母もお婆ちゃんもなくして周繼薇まで失いたくないんだ

wǒ bú yào yí ge rén hài pà dì shēng huó
我不要一個人害怕地生活
もう一人で怖がって生きていくのはイヤなんだ

suǒ yǐ ràng wǒ zì sī yí cì hǎo bù hǎo
所以讓我自私一次好不好
だから今回だけは俺のわがままを聞いてください

jiù zhè yí cì
就這一次
今回だけは

bài tuō Zhōu mā mā
拜託 周 媽媽
周ママどうかお願いだ

nǐ bǎ Zhōu Jì wēi huán gěi wǒ hǎo bù hǎo
妳把 周 繼薇 還 給我好不好
周繼薇を俺に返してくれないか

生詞　覚えておきたい語句

□ 爭取 動	zhēngqǔ	ㄓㄥ ㄑㄩˇ	努力する
□ 自私 形	zìsī	ㄗˋ ㄙ	自分勝手 / わがまま
□ 還 動	huán	ㄏㄨㄢˊ	（借りたものを）返す 還 hái（副詞＝まだ）と発音が違うので注意

yào shi Zhōu Jì wēi bú xìng fú
要是 周 繼薇不幸福

もし周繼薇が不幸になったら

wǒ jiù gēn nǐ pīn mìng
我就跟你拼命

命を懸けてもあなたを殺す

fàng xīn
放心

安心してください

děng dào nà yì tiān
等到那一天

wǒ huì qīn zì zǒu dào nǎi miànqián gěi nǐ kǎn
我會親自走到妳面前給妳砍

そのときは自分からあなたに切られに行きます

生詞 覚えておきたい語句

□ 拼命 動	pīnmìng	ㄆㄧㄣ ㄇㄧㄥˋ	命を懸ける／努力する 我跟你拼命＝命を懸けて戦う 我要拼命讀書考上大學（勉強をが んばって大学に入りたい）
□ 砍 動	kǎn	ㄎㄢˇ	（刃物で）叩き斬る／ばっさり斬る

恋の表現

💜 wǒ huì qù zhǎo yí ge zhèngdàng de gōngzuò
我會去找一個正當的工作
zuò yí ge píng fán de rén
做一個平凡的人
gēn Zhōu Jì wēi guò zhe píng fán de shēnghuó
跟周繼薇過著平凡的生活

ちゃんとした仕事を見つけて平凡な人になって周繼薇と平凡に暮らすから

繼薇の母の望みは繼薇が「普通の人」と幸せな結婚をすること。それが痛いほどわかっている耀起は、好きな仕事も捨て、つきあっていた彼女とも別れて、繼薇の母と向き合うのだった。

💜 rú guǒ zhè cì wǒ zài bu zhēng qǔ de huà
如果這次我再不爭取的話
wǒ jiù shén me dōu méiyǒu le
我就什麼都沒有了

もし今回本気を出さなかったら俺には何もなくなってしまう

両親も祖母もいなくなった孤独な耀起にとって繼薇はかけがえのない存在。耀起の悲壮にも見える固い決意に胸を打たれる。

💜 bài tuō Zhōu mā mā
拜託周媽媽
nǐ bǎ Zhōu Jì wēi huán gěi wǒ hǎo bù hǎo
妳把周繼薇還給我好不好

周ママどうかお願いだ 周繼薇を俺に返してくれないか

耀起が繼薇の母の前でひざまづき泣きながら懇願するシーンはこのドラマのクライマックスと言ってもいいかもしれない。耀起の繼薇への深い想いが痛いほど伝わり感動を呼ぶ。

伝えられなかった想い

nǐ zěn me kě yǐ ài wǒ
你怎麼可以愛我

よくもわたしを好きになれたわね

我可能不會愛你 Ep.11

 大仁　🟣 又青

又青的幻想　又青の空想

nǐ zěn me huì
妳怎麼會…

なぜここへ……

（被又青揍）又青に殴られる

wǒ zhè cì yòu shén me méi gēn nǐ shuō de ma
我這次又什麼沒跟妳說的嗎

また何か君に言い忘れたことがあった？

nǐ shuō ne
你說呢？

わからないの？

wǒ jì dé wǒ jīn tiān de chū fā rì qí gào sù nǐ la
我記得…我今天的出發日期告訴妳啦

確か……出発日は今日だって教えたし

Xīn jiā pō de dì zhǐ
新加坡的地址

Xīn jiā pō de diàn huà zǒng yào dào
新加坡的電話總要到…

シンガポールの住所と電話は着いてから……

こんな
シーン

大仁のシンガポール赴任が決まり、仲間たちが集まったお別れパーティーで又青はマギーに「大仁はあなたを愛さないように努力したけど失敗したから私と別れたのよ」と打ち明けられる。大仁の本心を知り動揺する又青は、シンガポールへと発つ大仁に会うために空港へ駆けつけるが……。

>>> 我可能不會愛你（イタズラな恋愛白書）の詳しい内容は p.91

nǐ wèi shén me bú gào sù wǒ　nǐ ài wǒ
你為什麼不告訴我　你愛我

なぜ言わなかったの？　わたしを愛してるって

wǒ shì dāng shì rén ye
我是當事人耶

わたしは当事者だよ

nǐ zěn me kě yǐ qī piàn dāng shì rén
你怎麼可以欺騙當事人

本人を騙してどうするの

nǐ zěn me kě yǐ hú li hú tú
你怎麼可以糊里糊塗

jiù ràng dāng shì rén bèi nǐ ài
就讓當事人被你愛

愛されてる当事者なのにうやむやにできるの？

生詞　覚えておきたい語句

□ 你說呢		nǐshuōne	ㄋㄧˇ ㄕㄨㄛ ㄋㄜ・	どう思っていますか
□ 記得 動	jìdé	ㄐㄧˋ ㄉㄜˊ	覚えている
□ 新加坡 名	Xīnjiāpō	ㄒㄧㄣ ㄐㄧㄚ ㄆㄛ	シンガポール
□ 欺騙 動	qīpiàn	ㄑㄧ ㄆㄧㄢˋ	騙す
□ 糊里糊塗 句	húlǐhútú	ㄏㄨˊ ㄌㄧˇ ㄏㄨˊ ㄊㄨˊ	うやむやにする / ぼんやりする

nǐ zěn me kě yǐ ài wǒ
你怎麼可以愛我？
よくもわたしを好きになれたわね

nǐ zěn me kě yǐ   zhēn de tài guò fèn le
你怎麼可以…真的太過分了
なぜわたしを……本当にひどすぎるよ

duì bù qǐ
對不起
ごめん

現實的又青心裡　現実の又青 (心の中で)

bù kě yǐ   zhè yàng yí lái
不可以　這樣一來
だめだ　こんなことしたら

wǒ jiù shī qù le wǒ   zuì hǎo de péngyǒu
我就失去了我「最好的朋友」
「最高の友人」を失っちゃう

suǒ yǐ jiù ràng wǒ xiàngxiǎowán zi   yí yàng de tuó niǎo ba
所以就讓我 像 小丸子一樣的鴕鳥吧
最後まで「ちびまる子」みたいにとぼけたダチョウでいよう

生詞　**覚えておきたい語句**

□ 太過分了	tàiguòfènle	ㄊㄞˋ、ㄍㄨㄛˋ、ㄈㄣˋ、ㄌㄜ・	ひどすぎ / やりすぎ
□ 失去 動	shīqù	ㄕ ㄑㄩˋ	失う
□ 小丸子 名	xiǎowánzi	ㄒㄧㄠˇ ㄨㄢˊ ㄗ	漫画『ちびまる子ちゃん』の台湾名
□ 鴕鳥 名	tuóniǎo	ㄊㄨㄛˊ ㄋㄧㄠˇ	ダチョウ

恋の表現

💜 你為什麼不告訴我　你愛我
nǐ wèishén me bú gào sù wǒ　nǐ ài wǒ
我是當事人耶
wǒ shì dāng shì rén ye

どうしてわたしを愛してることを言わなかったの
わたしは当事者だよ

元カノから大仁の本心を聞いて動揺する又青。大仁が本心を隠して
いたことにいら立ち、「当事者」である自分に打ち明ける前に他の人
に伝えていたことに悲しさと悔しさを感じている。

💜 你怎麼可以愛我？　どうしてわたしを愛したの？
nǐ zěn me kě yǐ ài wǒ

このセリフの背景には、出会ったころから大仁が又青に言い続けて
きた「我可能不會愛你（君のこと愛するなんてありえないよ）」と
いう言葉がある。「怎麼可以」には、「いったいどうして（予想すら
していなかったのに）」というニュアンスがある。

💜 讓我像小丸子一樣的鴕鳥吧
ràng wǒ xiàngxiǎowán zǐ　yī yàng de tuó niǎo ba

「ちびまる子」みたいにとぼけたダチョウでいよう

大仁に会いに空港まで来ながら顔を合わせられなかった又青。もし
気持ちを伝えたら「最好的朋友＝最高の友人」でいられなくなって
しまう。このまま「ちびまる子」みたいにお調子もののふりして何
も知らなかったことにしようと決意し、飛ぼうと思っても飛べない
自分を「ダチョウ」と揶揄する。

愛に年の差なし！

wǒ yào kāi shǐ ài nǐ le
我要開始愛妳了

あなたを愛し始めます

慶輝　　小菲

nǐ xiān huí dá wǒ yí ge wèn tí
妳先回答我一個問題
まず一つ答えて

shén me wèn tí
什麼問題？
なに？

rú guǒ yí ge rén xiǎng wèi lìng yí ge rén
如果一個人 想 為另一個人
biàn de hěn qiáng shì wèi shén me
變得很 強 是為什麼？
もし誰かの影響で強くなりたいと思ったとしたら、それはなぜ？

jí dù a
嫉妬啊
嫉妬ね

shì wèi lìng yí ge rén bú shì bǐ lìng yí ge rén
是為另一個人不是比另一個人
その人より強くじゃなくてその人のために強くなりたいんだ

nà jiù shì xiǎng yào bāng zhù tā
那就是 想 要幫助他
じゃその人を助けてあげたいというより

こんな
シーン

小菲に対する気持ちが愛だとエイミーに診断され（p.38 Chapter 1 scene 05 参照）、エイミーの彼に「やるなら困難を恐れるな」と背中を押され、慶輝は勇気を出して小菲に告白する決意をする。体調を崩した小菲を乗せて運転する車の中、ついに慶輝が切り出す。

>>> 我的男孩（年下のオトコ）の詳しい内容は p.45

chéng wéi tā yī kào zhī lèi de a
成 為他依靠之類的啊

その人の頼りになりたいということかしら

nà rú guǒ yí ge nán rén
那如果一個男人

xiǎng chéng wéi yí ge nǚ rén de yī kào
想 成 為一個女人的依靠

yòu shì wèi shén me
又是為什麼？

じゃ、男性が女性の頼りになりたいと思うのはどうしてかな？

生詞 覚えておきたい語句

□ **幫助** 動 bāngzhù ㄅㄤ ㄓㄨˋ	助ける / 手伝う
□ **依靠** 動 yīkào ㄧ ㄎㄠˋ	頼りにする
□ **之類的** zhīlèide ㄓ ㄌㄟˋ ㄌㄜ·	〜のたぐいの / 〜のような 像臭豆腐之類的食品（臭豆腐のような食品）

tán liàn ài la
談戀愛啦
恋をしてるのね

nán guài nà me duō tiān bú jiàn rén yǐng
難怪那麼多天不見人影
だから何日も見かけなかったのね

yǒu xīn mù biāo shì hǎo shì a
有新目標是好事啊
新しい目標ができたのはいいことよ

zhōng yú kě yǐ bǎi tuō mèi mei tóu de yīn yǐng le
終於可以擺脫妹妹頭的陰影了
ようやくあのボブヘアーの子のトラウマから逃げられるのね

nà wǒ kě yǐ yǒng gǎn qù ài luō
那我可以勇敢去愛囉
じゃあ勇気をもって愛していいよね

shuí a
誰啊？
誰を？

yí ge wǒ kě yǐ tiān nán dì běi de luàn liáo
一個我可以天南地北的亂聊
なんでもあれこれ話せる人

yí ge kě yǐ ràng wǒ hěn zì zài de lài zài tā jiā
一個可以讓我很自在的賴在她家
自由に家にいさせてくれる人

yí ge tán liàn ài wǒ piānpiānxiǎng yào jiǎo jú
一個談戀愛我偏偏 想 要攪局

その人の恋を邪魔したくさせる人

yí ge méi yǒu tā de xiāo xī
一個沒有她的消息

彼女が何してるかわからないと

wǒ jiù huāngzhāng de bù zhī dào gāi zěn me bàn
我就 慌 張 得不知道該怎麼辦

不安になってどうしていいかがわからなくなるんだ

生詞 覚えておきたい語句

□ 談戀愛	tánliànài	ㄊㄢˊ ㄌㄧㄢˋ ㄞˋ	恋愛する 談(動詞)＋戀愛
□ 人影 名	rényǐng	ㄖㄣˊ ㄧㄥˇ	人の姿
□ 終於 副	zhōngyú	ㄓㄨㄥ ㄩˊ	ついに、とうとう
□ 擺脫 動	bǎituō	ㄅㄞˇ ㄊㄨㄛ	(困難から) 抜け出す
□ 天南地北 句	tiānnándìběi	ㄊㄧㄢ ㄋㄢˊ ㄉㄧˋ ㄅㄟˇ	あれこれ
□ 亂 形	luàn	ㄌㄨㄢˋ	とりとめない 亂聊(チャット)
□ 偏偏 副	piānpiān	ㄆㄧㄢ ㄆㄧㄢ	わざと
□ 攪 動	jiǎo	ㄐㄧㄠˇ	掻き回す / 混ぜる 攪局＝邪魔する
□ 慌張 形	huāngzhāng	ㄏㄨㄤ ㄓㄤ	あわてる / パニックになる

yí ge tā bìng le
一個她病了

彼女が病気になったら

wǒ de xīn jìng rán huì tòng
我的心竟然會痛

心が痛くなるんだ

yí ge ràng wǒ xiǎng xué zuò cài　　xiǎng xué jià zhào
一個讓我 想 學做菜　 想 學駕照

料理を習いたくなったり、運転免許を取りたくなったり

xiǎng gǎn kuài zhǎng dà de nǚ rén
想 趕快 長 大的女人

早く大人になりたいと思わせた女性なんだ

Luó Xiǎo fēi　　wǒ yào kāi shǐ ài nǐ le
羅小菲　 我要開始愛妳了

羅小菲　僕はあなたを愛し始めます

生詞　覚えておきたい語句

□ 駕照 名	jiàzhào	ㄐㄧㄚˋ ㄓㄠˋ	運転免許
□ 趕快 副	gǎnkuài	ㄍㄢˇ ㄎㄨㄞˋ	急いで / はやく

恋の表現

rú guǒ yí ge nán rén xiǎng chéng wéi yí ge nǚ rén de yī kào
♥ 如果一個男人 想 成 為一個女人的依靠
yòu shì wèishén me
又是為什麼？

男性が女性の頼りになりたいと思うのはどうして？

「阿姨姐姐 āyí jiějiě（おばさん姉さん）」と呼んでいた 10 歳年上の小菲に恋した慶輝。年の差もキャリアの差もかえりみず、頼りにされる男になりたいと思う。

ràng wǒ xiǎng gǎnkuài zhǎng dà de nǚ rén
♥ 讓我 想 趕快 長 大的女人　はやく大人になりたいと思わせる女性

前段の「一個〜」はすべてこのフレーズの「的女人」に続く。「おしゃべりができて、家にいさせてくれて……料理や免許を取りたいと思わせて、はやく大人になりたいと思わせる女性」と、想いをてんこ盛りにした長ゼリフ。

wǒ yào kāi shǐ ài nǐ le
♥ 我要開始愛妳了　あなたを愛し始めます

厳密にいうと、すでに愛しているけれど「もう愛することを恐れない」という宣言に聞こえる。

小菲と慶輝　　「年下のオトコ」©2017 Gala Television. All Rights Reserved.

惡作劇之吻　Ep.19

● 直樹　● 湘琴

rén jiā xǐ huān nǐ
人家喜歡妳

人に好かれたら

nǐ jiù yào xǐ huān tā ma
妳就要喜歡他嗎？

その相手を好きにならなきゃいけないわけ？

zhè yàng róng yì ma
這樣容易嗎？

そんなにたやすいこと？

zhè yàng yǒu shén me bù hǎo
這樣有什麼不好？

どこがいけないの？

wǒ kàn bù chū lái zhè yàng nǎ lǐ hǎo
我看不出來這樣哪裡好

どこがいいのか僕にはわからないよ

zhè yàng zhì shǎo bǐ wǒ hǎo
這樣至少比我好

わたしよりずっとましよ

nǎ xiàng wǒ zhěng zhěng huā le wǔ nián de shí jiān
哪像我整整花了五年的時間

わたしはまるまる5年もかけて好きになったんだよ

こんな
シーン

惠蘭 Huìlán と婚約した直樹をあきらめようと金ちゃんとの交際を始めた
湘琴。そのことを知った直樹はやっと湘琴の大切さを知る。金ちゃんと
デートしても直樹への想いを断ち切れぬまま雨のなか一人たたずむ湘琴の
前に、ずぶ濡れになった直樹が現れ思いがけない告白を始める。

>>> 惡作劇之吻（イタズラな Kiss）の詳しい内容は p.27

xǐ huānshàng yí ge
喜歡 上 一個

gēn běn bù kě néng huì xǐ huān wǒ de rén
根本不可能會喜歡我的人

わたしのことを絶対好きにならない相手をね

nǐ xiàn zài zhǐ yào guǎn hǎo
你現在只要管好

nǐ gēn Huì lán de shì jiù hǎo
你跟惠蘭的事就好

あなたは惠蘭さんと自分のことだけ考えればいいよ

hé bì guǎn wǒ gēn ā Jīn yǒu méi yǒu zěn me yàng
何必管我跟阿金有沒有怎麼樣

zhè jiàn shì gēn nǐ yì diǎn guān xì yě méi yǒu
這件事跟你一點關係也沒有

金ちゃんとわたしのことがどうなってもあなたとは関係ないよ

生詞　覚えておきたい語句

□ 至少 副	zhìshǎo	ㄓ丶 ㄕㄠˇ	少なくとも
□ 整整 形	zhěngzhěng	ㄓㄥˇ ㄓㄥˇ	まるまる / ちょうど
□ 管 動	guǎn	ㄍㄨㄢˇ	受け持つ / かまう
□ 何必 副	hébì	ㄏㄜˊ ㄅㄧˋ	～する必要がない

yì diǎnguān xì yě méiyǒu
一點關係也沒有
少しも関係ないんだから

zěn me huì yì diǎnguān xì dōu méiyǒu
怎麼會一點關係都沒有
どこが関係ないんだよ

nǐ xǐ huān de rén shì wǒ
妳喜歡的人是我
お前が好きなのは俺だ

bù kě yǐ xǐ huān bié rén
不可以喜歡別人
他のやつを好きになってはいけないんだ

nǐ zǒng shì nà me yǒu zì xìn　zhè suànshén me ma
你總是那麼有自信　這算什麼嘛
あなたっていつも自信満々ね　何だっていうのよ

duì a　wǒ xǐ huān de rén shì nǐ a
對啊　我喜歡的人是你啊
そうよ　わたしはあなたが好きよ

kě shì wǒ yǒushén me bàn fǎ
可是我有什麼辦法
でもどうしようもないじゃない

nǐ yì diǎndōu bù xǐ huān wǒ
你一點都不喜歡我
あなたは少しもわたしを好きじゃないんだから

ㄋㄧˇ ㄅㄨˊ ㄧㄠˋ
nǐ bú yào　　nǐ bú yào xǐ huānshàng bié rén
妳不要　妳不要喜歡 上 別人

ダメだ　お前は他のやつを好きになってはダメだ

抱緊湘琴接吻　抱きしめてキスする

zhè shì nǐ dì èr cì wěn wǒ
這是你第二次吻我

キスしてくれたのは2回目ね

shì dì sān cì cái duì
是第三次才對

正確には3回目だ

kě shì míngmíng jiù
可是明明就…

でも、たしか……

hǎo le　　bú yào shǔ le
好了，不要數了

もういい　数えるな

生詞 覚えておきたい語句

□ 這算什麼	zhèsuàn shén me	ㄓㄜˋ、ㄙㄨㄢˋ ㄕㄣˊ ㄇㄜ・	何なのよ / 何だっていうの
□ 一點~都沒有	yīdiǎn~dōu méiyǒu	ㄧˋ、ㄉㄧㄢˇ ~ ㄉㄡ ㄇㄟˊ・ㄧㄡˇ	少しも~名詞~ない 一點關係都沒有＝少しも関係ない
□ 一點都不~	yīdiǎndōubù	ㄧˋ、ㄉㄧㄢˇ ㄉㄡ ㄅㄨˋ、	少しも~形容詞~ないと一點都不冷＝少しも寒くない
□ 才對	cáiduì	ㄘㄞˊ、ㄉㄨㄟˋ、	~ほうがいい / ~こそが正しい

115

湘琴的內心 心の中で

hǎo xiàng zài zuò mèng yí yàng
好像在做夢一樣
なんか夢みたい

wǒ yì zhí qí dài de mèng
我一直期待的夢
ずっと見続けてきた夢みたい

Zhí shù de shuāng shǒu jǐn jǐn de bào zhe wǒ
直樹的雙手緊緊的抱著我
直樹がわたしのことをきつく抱きしめているわ

rú guǒ zhè zhēn de shì mèng
如果這真的是夢
もし本当に夢だったら

kě bù kě yǐ yí bèi zi dōu bú yào
可不可以一輩子都不要

ràng wǒ xǐng guò lái a
讓我醒過來啊
わたしを一生めざめさせないで

jiù ràng tā yǒngyuǎn shì ge mèng jiù hǎo le
就讓它永遠是個夢就好了
ずっと夢のままだったらいいのに

生詞 覚えておきたい語句

□ 做夢 動	zuòmèng	ㄗㄨㄛˋ ㄇㄥˋ	夢を見る
□ 一直 副	yìzhí	ㄧˋ ㄓˊ	ずっと
□ 醒過來	xǐngguòlái	ㄒㄧㄥˇ ㄍㄨㄛˋ ㄌㄞˊ	(眠りから) めざめる

恋の表現

wǒ zhěngzhěnghuā le wǔnián de shíjiān
我整整花了五年的時間

xǐhuānshàng yí ge gēnběn bù kě nénghuì xǐhuānwǒ de rén
喜歡上一個根本不可能會喜歡我的人

わたしはまるまる5年もかけて好きになってくれるはずのない人を好きになったのよ

高校1年生のときのひと目惚れから始まった直樹への一途な恋。それでも直樹は、湘琴が「根本不可能會喜歡我」と自虐するほどつれない態度をとり続けてきたのだ。

nǐ xǐhuān de rén shì wǒ bù kě yǐ xǐhuānbié rén
妳喜歡的人是我 不可以喜歡別人

お前が好きなのは俺だ、他のヤツを好きになっちゃダメだ

やっと湘琴を愛していることに気づいた直樹のせいいっぱいの告白。あくまでも上から目線のところがツンデレ直樹の本領発揮か。

rú guǒzhèzhēn de shì mèng
如果這真的是夢

kě bù kě yǐ yí bèi zi dōu bú yàoràngwǒxīngguò lái a
可不可以一輩子都不要讓我醒過來啊

これが本当に夢だったらわたしを一生めざめさせないで

「可不可以」という疑問形を使っているので直訳すると「(神様)わたしをめざめさせないでくれますか?」となる。湘琴の5年にわたる恋がついに成就した瞬間。これまで見守ってきた視聴者も思わず湘琴に「おめでとう!」と言ってあげたくなるに違いない。

恋の単語＆フレーズ ③

● **寶貝 / 親愛的**（愛する人の呼称） bǎo bèi / qīn ài de

寶貝，我們明天晚上去看電影好不好？

あなた、明日映画見に行かない？

愛しい人を呼ぶときに使う。「ハニー、ダーリン」といったニュアンス。恋人だけでなく、親子や仲良しの友だちの間でも使い、男性でも女性でも使える。

● **牽手**（手をつなぐ） qiān shǒu

我可以牽你的手嗎？ 手をつないでもいい？

台湾語では「牽手」を「妻 / 夫」という意味で使う。（例）這是我的牽手）

● **單戀**（片想い） dān liàn

天涯何處無芳草，何必單戀一枝花。

芳しい花はどこにもあるのにたった一輪の花に片思いをする必要はない。

古い漢詩をアレンジした慣用語。かなわない片思いにこだわらず他の相手を探しなさいという意味。

● **暗戀**（ひそかな片想い） àn liàn

我不敢告白，總是暗戀別人。

告白する勇気がなくて、いつもこっそりと片思いをする。

● **失戀**（失恋） shī liàn

我失戀了。 失恋してしまった。

● **另一半**（伴侶） lìng yí bàn

怎麼樣才能找到適合的另一半呢？

どうすれば自分に合う人を見つけられるの？

汎用性の高い言葉。カップルにも夫婦にも使える。会話の場合、相手の彼氏・彼女・夫・妻をさすときによく使う。

Chapter 4

恋の衝突

jié shù ba

結束吧

終わりにしよう

荼蘼 Ep.3

 有彦 　 如薇

jié shù ba
結束吧
終わりにしよう

jié shù
結束…?
終わり……?

duì
對
そう

nǐ quèdìng nǐ xiǎng jié shù shì yīn wèi wǒ
你確定你 想 結束是因為我
別れを決意したのはわたしのせい?

ér bú shì yīn wèi nǐ duì gǎnqíng de bù zhōng ma
而不是因為你對感情的不 忠 嗎？
あなたがわたしたちの愛を裏切ったせいではなくて？

dǎ diànhuà gěi nǐ de rén shì shuí a
打電話給你的人是誰啊？
電話してきた人は誰？

nà ge nǔ rén shì shuí
那個女人是誰？
あの女は誰？

こんな
シーン

プランＡ（上海に赴任）の如薇。新しい生活に慣れてきたものの、台湾にいる有彦とは心がすれ違うことが増えた。ある日、有彦が突然上海を訪れ、如薇をディナーに誘う。久々の再会を喜ぶ如薇と対照的に苦悩の表情を浮かべる有彦。重たい口を開いて出たのは別れの提案だった。

>>> 茶蘼（恋のはじまり 夢の終わり）の詳しい内容は p.65

gēn nǐ yì qǐ zuò zài chē lǐ de rén shì shuí
跟你一起坐在車裡的人是誰？

あなたと一緒に車にいたのは誰なの？

nà yì diǎn dōu bú zhòng yào hǎo ma
那一點都不 重 要好嗎？

そんなのどうでもいいことでしょ？

nán dào nǐ cóng lái dōu méi yǒu fǎn xǐng guò
難道你從來都沒有反省過
nǐ zì jǐ de xuǎn zé
你自己的選擇

君は自分の選択について一度も反省したことないの？

nǐ dào xiàn zài dōu hái méi yǒu fā xiàn
你到現在都還沒有發現

君はいまだに気がついてないの？

ràng zhè yì xiē bēng huài de shì nǐ zì jǐ
讓這一切崩 壞的是你自己

すべてを崩壊させたのは君自身だということに

生詞 覚えておきたい語句

□ 結束 副	jiéshù	ㄐㄧㄝˊ ㄕㄨˋ	終わらせる / 終止符を打つ
□ 不忠 形	bùzhōng	ㄅㄨˋ ㄓㄨㄥ	裏切り
□ 選擇 動	xuǎnzé	ㄒㄩㄢˇ ㄗㄜˊ	選択する

tā shì shuí
她是誰！
彼女は誰なのよ！

yí ge zài wǒ zuì gū dú de shí hòu
一個在我最孤獨的時候
yuàn yì péi zhe wǒ de
願意陪著我的
俺がいちばん寂しかったときにそばにいてくれて

quán xīn quán yì ài wǒ de nǚ rén
全心全意愛我的女人
全身全霊で俺を愛してくれた女性だよ

nǐ pī tuǐ
你劈腿！
二股かけたのね

xiè xie nǐ de wǎn cān
謝謝你的晚餐
夕飯をごちそうしてくれてありがとう

xī wàng nǐ yí qiè dōu hǎo
希望你一切都好
すべてがうまくいくように祈ってるよ

生詞　覚えておきたい語句

□ 一切 代	yíqiè	ー ╱ ㄑー╲ せ ╲	すべてのこと
□ 全心全意 副	quánxīnquányì	ㄑㄩㄢ ╱ ㄒーㄣ ㄑㄩㄢ ╱ 一 ╲	全身全霊で
□ 劈腿 動	pītuǐ	ㄆー ㄊㄨㄟ ╲	二股かける／浮気する

恋の表現

dǎ diànhuà gěi nǐ de rén shì shuí a
打電話給你的人是誰啊？

nà ge nǚ rén shì shuí
那個女人是誰？

電話してきた人は誰？　その女は誰なの？

嫉妬にかられた女性 (男性も) がつい口走ってしまう言葉。電話の相手は誰か聞いたあとの有彦の反応を見てそれが女性で、「跟你一起坐在車裡的人 (一緒に車に乗っていた人)」であると確信する如薇だった。

yí ge zài wǒ zuì gū dú de shí hòu
一個在我最孤獨的時候

yuàn yì péi zhe wǒ de quán xīn quán yì ài wǒ de nǚ rén
願意陪著我的全心全意愛我的女人

俺がいちばん寂しかったときにそばにいて全身全霊で愛してくれた女性だよ

いちばん寂しいときにそばにいてくれなかった如薇への恨み節か。自分を置いて行った如薇は全身全霊で愛してくれなかった、と言いたいのだろう。女性の立場からすると少々自分勝手に見える。

如薇と有彦

你不可以丟下我

nǐ bù kě yǐ diū xià wǒ

わたしを捨てちゃだめ

茶蘼 Ep.3

 有彦　如薇

bài tuō　bài tuō
拜託　拜託
お願い　お願いよ

bú yào gēn wǒ fēn shǒu hǎo bù hǎo
不要跟我分手好不好
わたしと別れないで

wǒ méi yǒu yào jié shù
我沒有要結束
終わりにしたくないの

nǐ bù kě yǐ gēn wǒ fēn shǒu
你不可以跟我分手
わたしと別れちゃだめ

wǒ méi yǒu yào fēn shǒu
我沒有要分手
別れたくないの

nǐ yì zhí dōu shì zuì téng wǒ
你一直都是最疼我
あなたはずっとわたしを可愛がってくれた

zuì ràng zhe wǒ de
最讓著我的
いつも譲ってくれたわ

Scene 18 の続き。一方的に別れを告げ、如薇を残したまま店を出る有彦。
如薇はタクシーに乗ろうとする有彦に追いすがり思いのたけをぶつける。

>>> 茶蘼（恋のはじまり 夢の終わり）の詳しい内容は p.65

suǒ yǐ nǐ bú huì gēn wǒ fēn shǒu duì bú duì
所以你不會跟我分手對不對
だからわたしと別れられないでしょ？

nǐ huì guò de hěn hǎo
你會過得很好
君はきっと幸せになれる

wǒ bú huì
我不會
なれないよ

wǒ méi yǒu nǐ gēn běn jiù bù kě néng guò de hǎo
我沒有你根本就不可能過得好
あなたがいなければ幸せになれるわけないよ

nǐ bú yào zhè yàng
你不要這樣
やめなさい

生詞　覚えておきたい語句

□ 分手 動	fēnshǒu	ㄈㄣ ㄕㄡˇ	別れる / さよならする
□ 疼 動	téng	ㄊㄥˊ	可愛がる
□ 讓 動	ràng	ㄖㄤˋ	譲る
□ 過 動	guò	ㄍㄨㄛˋ	過ごす 過得很好＝楽しく過ごせる

nǐ bú yào diū xià wǒ
你不要丟下我
わたしを捨てないで

nǐ bù kě yǐ diū xià wǒ
你不可以丟下我
わたしを捨てちゃだめ

hǎo　　wǒ gēn nǐ huí Tái wān
好　我跟你回台灣
いいわ　あなたと台湾に帰る

wǒ shén me dōu bú yào le
我什麼都不要了
わたし何もいらない

wǒ shén me dōu kě yǐ bú yào hǎo bù hǎo
我什麼都可以不要好不好
なんでも捨てられるから、いいでしょ？

hǎo bù hǎo ma
好不好嘛！
ねえいいでしょ？

nǐ zhī dào ma
你知道嗎？
知ってる？

nǐ de yào huò bú yào yì zhí dōu zài cāo kòng zhe
你的要或不要一直都在操控著
wǒ de yào huò bú yào
我的要或不要
君の望みはずっと僕の望みをコントロールすることだった

dàn shì xiàn zài wǒ bú yào le
但是現在我不要了
だけどもうたくさんだ

tīngdǒng le ma
聽懂了嗎？
わかった？

wǒ zhēn de bù xiǎng zài bèi nǐ de zì sī
我真的不想再被你的自私
hái yǒu nǐ de rèn xìng zhé mó le
還有你的任性折磨了
君のエゴイズムとわがままに傷つけられたくない

wǒ zhēn de bú yào le
我真的不要了
もうたくさんなんだ

生詞 覚えておきたい語句

□ 丢 動	diū	ㄉㄧㄡ	捨てる / 放っておく / 落とす 丢＋下（方向補語）＝無造作に捨てる
□ 操控 動	cāokòng	ㄘㄠ ㄎㄨㄥˋ	あやつる / コントロールする
□ 任性 形	rènxìng	ㄖㄣˋ ㄒㄧㄥˋ	わがままな
□ 折磨 動	zhémó	ㄓㄜˊ ㄇㄛˊ	悩む / 責めさいなむ

💜 **不要跟我分手好不好**
bú yào gēn wǒ fēn shǒu hǎo bù hǎo
　　　　　わたしと別れないで

あなたと別れるのはイヤ「好不好 "いいでしょ"？」と懇願する如薇。
あまりにも突然別れを告げられた如薇はそのことをどうしても受け
止められない。まだ有彦を愛しているのだ。

💜 **我沒有你根本就不可能過得好**
wǒ méiyǒu nǐ gēnběn jiù bù kě néngguò de hǎo
あなたがいなければ幸せになれるわけないよ

「你會過得很好（君は幸せになれるよ）」という有彦への返事。有彦
がいなければ幸せになるなんて「根本就不可能（まったくもって不
可能）」と、彼への愛を訴えている。

💜 **你不要丟下我　你不可以丟下我**
nǐ bú yào diū xià wǒ　　nǐ bù kě yǐ diū xià wǒ
わたしを捨てないで　わたしを捨てちゃだめよ

「丟下」は無造作にポイっと捨てるニュアンス。ただ別れを告げる
だけで逃げるように立ち去る有彦の様子を投影している。

コラム　恋の単語＆フレーズ　④

● **寵(愛)** （溺愛する、可愛がる）chǒng (ài)

我會寵（愛）妳一輩子。　君を一生可愛がるよ。

● **兩情相悅** （相思相愛）liǎng qíng xiāng yuè

告白了才知道，我們是兩情相悅。

告白したら、なんと実は相思相愛だった。

● **拋棄** （捨てる）pāo qì

他拋棄戀人，一個人到美國去了。

彼は恋人を捨てて、一人でアメリカに行ってしまった。

人やペットなど、命のあるものに使う。「拋下」でも可。「丟下」は人に限らずモノでも使える。

● **背叛** （（恋人を）裏切る）bèipàn

他背叛女朋友劈腿了。　彼は恋人を裏切って二股をかけた。

● **甩** （（恋人を）振る）shuǎi

我把他甩了。　彼を振った。

她被甩了。　彼女は振られた。

● **相親** （お見合い）xiàng qīn

爸媽希望我快結婚，一直要我去相親。

両親は早く結婚してほしいので、ずっとお見合いを勧めている。

● **聯誼** （合コン）lián yí

我在聯誼上認識了一個不錯的女生。

合コンで素敵な女性に出会った。

わたしのどこがいけないの？

nà bú shì ài

那不是愛

それは愛じゃないんだ

我可能不會愛你　Ep.6

大仁　マギー

wǒ xiǎng gēn nǐ shuō yí jiàn shì qíng
我 想 跟妳說一件事情
一つ言わせてほしい

míng tiān zài shuō hǎo bù hǎo
明天再說好不好
明日にしませんか

yào bú yào hē yì diǎn hóng jiǔ wǒ qù dào
要不要喝一點紅酒我去倒
ワインを飲みませんか。わたしが用意してきます

duì bù qǐ
對不起
すまない

shén me duì bù qǐ
什麼對不起
どうして謝るの？

nǐ nǎ yǒu duì bù qǐ
你哪有對不起
あなたは全く悪くありません

míng míng shì wǒ cái yào duì bù qǐ
明 明 是我才要對不起
謝らなくてはいけないのはわたしのほうです

こんな
シーン

マギーにお見合い相手として紹介された男に下衆な言葉で傷つけられた又青。大仁は涙の止まらない又青を抱きしめたとき「もう自分の気持ちにウソはつけない」とマギーとの別れを決意する。部屋にやってきた大仁の様子で何かを察知して動揺するマギーを前に、大仁は淡々と話しはじめる。

>>> 我可能不會愛你（イタズラな恋愛白書）の詳しい内容は p.91

kě shì zài zhè yàng xià qù
可是再這樣下去

でもこのまま続けたら

wǒ zhǐ huì yuè lái yuè duì bù qǐ nǐ
我只會越來越對不起妳

僕はどんどん君に対して申し訳なくなる

yīn wèi wǒ ài Chéng Yòuqīng
因為…我愛程又青

なぜなら……僕は程又青のことを愛しているんだ

生詞 覚えておきたい語句

□ 哪有	nǎyǒu ㄋㄚˇ ㄧㄡˇ	そんなわけない □喧嘩をするときによく使われる。 例 A：你說謊！（うそだ！） 　　B：（我）哪有（說謊）！（うそじゃない！）
□ 下去 動	xiàqù ㄒㄧㄚˋ ㄑㄩˋ	し続ける

131

wǒ yǐ wéi wǒ bú huì ài shàng tā
我以為我不會愛上她
彼女とは絶対に恋に落ちない

wǒ gēn běn bù xiǎng ài shàng tā
我根本不想愛上她
全然彼女に恋をしたくなかった

wǒ yǐ jīng yǒu le yí ge jiāo ào de mā ma
我已經有了一個驕傲的媽媽

jiāo ào de mèi mei
驕傲的妹妹
僕にはすでにプライドの高い母と妹がいて

wǒ gēn běn méi yǒu yǒng qì zài ài shàng yí ge
我根本沒有勇氣再愛上一個

jiāo ào de Chéng Yòuqīng
驕傲的 程 又青
プライドの高い程又青を好きになる勇気なんてないと思ってた

kě shì zhè jiù shì mò fēi dìng lǜ ba
可是這就是「莫非定律」吧
だけど、これって「マーフィーの法則」かな

yuè bù xiǎng jiù yuè ài
越不想就越愛
愛したくないと思えば思うほど愛してしまうんだ

suǒ yǐ wǒ
所以我…
だから僕は……

gòu le
夠了！
もういいです！

nǐ píngshén me zài zhè lǐ gēn wǒ jiǎng
你憑什麼在這裡跟我 講

nǐ yǒu duō ài ChéngYòuqīng
你有多愛 程 又青
あなたにはここで程又青への愛を語る資格なんかないわ

duì bù qǐ
對不起
申し訳ない

wǒ zhǐ shì bù xiǎngshǎnduǒ　　wǒ men zhī jiān de wèn tí
我只是不想 閃躲　我們之間的問題
ただ僕たちの問題から逃げたくないんだ

wǒ men zhī jiān yǒushén me wèn tí
我們之間有什麼問題
わたしたちの間になにか問題があった？

 覚えておきたい語句

□ 驕傲 形	jiāoào	ㄐㄧㄠ ㄠˋ	プライドが高い / 尊大な
□ 莫非定律 名	mòfēidìnglǜ	ㄇㄛˋ ㄈㄟ ㄉㄧㄥˋ ㄌㄩˋ	マーフィーの法則
□ 閃躲 動	shǎnduǒ	ㄕㄢˇ ㄉㄨㄛˇ	逃げる / 隠す / よける 閃躲問題＝問題から逃げる

wǒ xǐ huān nǐ　　dàn nà bú shì ài a
我喜歡妳　但那不是愛啊
君のことは好きだ　でも愛じゃないんだ

wǒ nǎ lǐ bù rú ChéngYòuqīng
我哪裡不如 程 又青
わたしのどこか程又青に及ばないんですか

wèi shén me nǐ bù néng ài wǒ
為什麼你不能 愛我
どうしてわたしのことが愛せないのですか？

ài qíng bù shì　　bǐ jiào zhí
愛情不是「比較值」
愛情は比べるものじゃないよ

nǐ hěn hǎo
Maggie 妳很好
マギー、君は本当にいい子だ

nǐ zhēn de hěn hǎo
妳真的很好
とても素敵だよ

shì wǒ duì bù qǐ nǐ
是我對不起妳
悪いのは僕なんだ

生詞 覚えておきたい語句

□ 不如 動　bùrú　　ㄅㄨˋ ㄖㄨˊ　　〜に及ばない

□ 比較值 名 bǐjiàozhí　ㄅㄧˇ ㄐㄧㄠˋ ㄓˊ　比較値
ここではマギーが作った「理想の結婚相手の条件表」を指している

wǒ yǐ wéi wǒ bù huì ài shàng tā
我以為我不會愛上她
wǒ gēnběn bù xiǎng ài shàng tā
我根本不想愛上她

彼女とは絶対恋に落ちない、全然彼女に恋をしたくなかった

「愛上」は「恋に落ちてしまった」というニュアンス（我愛你＝あなたを愛してます／我愛上你＝あなたを愛してしまいました）。ずっと彼女を愛さないように努力してきた大仁がついに抑えきれなくなって吐露した本音。

yuè bù xiǎng jiù yuè ài
越不想就越愛

愛したくないと思えば思うほど愛してしまうんだ

大仁の心情をこれほど的確に表現するセリフはないのではなかろうか。照れ隠しなのか「マーフィーの法則」に例えるところもなんだか切ない。

wǒ xǐ huān nǐ　　dàn nà bú shì ài a
我喜歡妳　但那不是愛啊

君のことは好きだ　でも愛じゃないんだ

「我喜歡你」と「我愛你」の違いは微妙だ。恋愛ドラマでは本当に好きな人に告白するときに「我喜歡你」を使うケースが多い。余計な気をもたせたくなかったらこのように「但(是)那不是愛」と続けたほうがよかろう。ただし、このシーンのように相手をいたく傷つけてしまうことがあるので要注意。

彼氏か親友か？

bài tuō nǐ gēn tā
拜託妳跟他

bǎo chí jù lí
保持距離

彼との距離を置いてくれよ

我可能不會愛你　Ep.9

立威　　又青

wǒ kě yǐ wèn nǐ ma
我可以問妳嗎？
一つ聞いてもいいかな？

nǐ gēn Lǐ Dà rén zěn me la
妳跟李大仁怎麼了
李大仁との間に何かあったの？

méi yǒu zěn me la ma
沒有怎麼了嘛
別に何もないわ

méi yǒu
沒有？
何も？

zhǐ shì jué de hěn bù shuǎng
只是覺得很不 爽
ただすっきりしないだけ

bù shuǎng shén me
不 爽 什麼
何が引っかかってるの？

tā fǎn duì wǒ men zài yì qǐ
他反對我們在一起？
やつは俺たちがつき合ってることに反対してるの？

こんな
シーン

又青は立威との順調な交際を報告しようとディナーに大仁を誘う。その席で又青と大仁は恩師が遺した手紙をめぐり小競り合いをする。その様子を見て嫉妬にかられた立威は、又青に大仁と距離を置こう告げるのだ。

>>> 我可能不會愛你（イタズラな恋愛白書）の詳しい内容は p.91

shén me a
什麼啊
何言ってるの？

nà dào dǐ shén me a
那到底什麼啊
じゃー体何なんだ

zhè shì wǒ gēn tā zhī jiān de shì
這是我跟他之間的事
これはわたしと彼の問題よ

suǒ yǐ wǒ bèi gé jué zài wài
所以我被隔絕在外
俺はよそ者ってわけか

yīn wèi wǒ bù xiǎo xīn zhī dào le
因為我不小心知道了
知らなくていいことを知ってしまったの

tā zài gāo zhōng de shí hòu
他在高中的時候
大仁が高校の時

生詞 覚えておきたい語句

□ 不爽 形	bùshuǎng	ㄅㄨ ˋ ㄕㄨㄤ ˇ すっきりしない
□ 隔絕 動	géjué	ㄍㄜ ˊ ㄐㄩㄝ ˊ 隔てる / 断絶する

gēn Mèng lǎo shī dǎ e wǒ de xiǎo bào gào
跟 孟 老師打了我的小報告
孟先生にわたしのことを告げ口したことを

zhè yǒu shén me hǎo bù shuǎng de a
這有什麼好不 爽 的啊
そんなの気にすることじゃないでしょ

wǒ kàn nǐ men xiǎo liǎng kǒu dòu le yì zhěng wǎn de zuǐ
我看你們小倆口鬥了一 整 晚的嘴
お前ら二人が一晩中仲良く話してるのを見せられた

bù shuǎng de yīng gāi shì shēn wéi nán péng yǒu de wǒ ba
不 爽 的應該是身為男朋友的我吧
気分が悪いのは彼氏である俺のほうだよ

bài tuō bú yào zài lái le hǎo bù hǎo
拜託不要再來了好不好
お願いだからもう勘弁して

nǐ bú yào bài tuō wǒ
妳不要拜託我
俺にお願いしないでくれよ

wǒ bài tuō nǐ hǎo ma
我拜託妳好嗎？
君にお願いしていいかな？

bài tuō nǐ gēn Lǐ Dà rén bǎo chí jù lí
拜託妳跟李大仁保持距離
李大仁と距離を取ってくれないか

zuì hǎo chèn zhè yí cì de bù shuǎng kě yǐ gēn tā jué jiāo
最好趁這一次的不 爽 可以跟他絕交
いっそこの怒りであいつと絶交すればいいんだ

wǒ bú shì nà zhǒng jiàn sè wàng yǒu de nǚ rén
我不是那種見色忘友的女人
わたしは友人より彼氏を大事にする女じゃないわ

nǐ què dìng shì qíng jiù shì nà me dān chún ma
妳確定事情就是那麼單純嗎？
本当にそんなに単純な関係なの？

nǐ què dìng nǐ bú shì zài xiǎng shòu
妳確定妳不是在享受
君は断言できる？

nǐ gēn Lǐ Dà rén zhī jiān de ài mèi ma
妳跟李大仁之間的曖昧嗎？
李大仁との曖昧な関係を楽しんでるんじゃないと

gòu luō
夠囉
いい加減にして

nà nǐ gào sù wǒ
那妳告訴我
じゃ、俺に教えて

生詞 覚えておきたい語句

□ 小報告 **名**	xiǎobàogào	ㄒㄧㄠˇ ㄅㄠˋ ㄍㄠˋ	告げ口 打小報告：告げ口する
□ 小倆口 **名**	xiǎoliǎngkǒu	ㄒㄧㄠˇ ㄌㄧㄤˇ ㄎㄡˇ	ラブラブな若い夫婦やカップル
□ 鬥嘴 **動**	dòuzuǐ	ㄉㄡˋ ㄗㄨㄟˇ	口げんかする
□ 見色忘友 **句**	jiànsèwàngyǒu	ㄐㄧㄢˋ ㄙㄜˋ ㄨㄤˋ ㄧㄡˇ	彼氏優先（彼女／彼氏を優先して友人をおろそかにする）

139

nǐ wèi shén me bù kěn gēn wǒ dìng hūn
妳為什麼不肯跟我訂婚
なぜ俺との婚約を拒むんだ？

xiānshēng nǐ gēn běn jiù méi xiàng wǒ qiú hūn
先生 你根本就沒向我求婚
あのさあ　そもそもあなたはまだプロポーズをしてないじゃない

hǎo
好
わかった

rú guǒ wǒ gēn nǐ qiú hūn nǐ jiù huì dā yìng
如果我跟妳求婚　妳就會答應
もし俺がプロポーズをしたら　了承してくれるよね

nǐ yòu méi qiú wǒ gàn ma dā yìng
你又沒求　我幹嘛答應
まだしてないのに、どうして了承できるのよ

hǎo a nà nǐ děng zhe
好啊　那妳等著
いいよ　じゃ楽しみにしてろよ

生詞 覚えておきたい語句

□ 訂婚 動	dìnghūn	ㄉㄧㄥ ˋ ㄏㄨㄣ		婚約する
□ 求婚 動	qiúhūn	ㄑㄧㄡ ˊ ㄏㄨㄣ		プロポーズする 向我求婚＝私にプロポーズする
□ 答應 動	dāying	ㄉㄚ ㄧㄥ ˋ		引き受ける

恋の表現

bù shuǎng de yīng gāi shì shēnwéinánpéngyǒu de wǒ ba
💜 不 爽 的應該是身為男朋友的我吧

気分が悪いのは彼氏である俺のほうだよ

大仁と又青の口ゲンカさえ仲良くイチャイチャしているように見える立威。自分だけ蚊帳の外に置かれているような疎外感を感じ、「身為男朋友的我＝彼氏は自分」なのに、と憤る。

bài tuō nǐ gēn Lǐ Dà rén bǎo chí jù lí
💜 拜託妳跟李大仁保持距離

李大仁と距離を置いてくれないか

立威もまた「男女の間に純粋な友情はない」という持論なのか。大仁と又青が友だちでいることが許せない。

wǒ bú shì nà zhǒngjiàn sè wàngyǒu de nǚ rén
💜 我不是那 種 見色忘友的女人

わたしは友人より彼氏を優先するような女じゃないわ

つまり彼氏の立威より親友の大仁のほうが大切ということ。これに怒り心頭の立威はさらにたたみかけるように又青を追い詰める。

xiānshēng nǐ gēnběn jiù méixiàng wǒ qiú hūn
💜 先 生 你根本就沒 向 我求婚

あのさあ そもそもあなたはまだプロポーズしてないじゃない

「你為什麼不肯跟我訂婚＝なんで婚約を拒むの？」という立威への返事。ここでの「先生」は男性への尊称ではなく、改めて大事な話をするときや反論する場合の注意喚起といったニュアンス。女性に対しては「小姐」と呼びかける。台湾ドラマでは家族間や恋人同士の会話に「先生／小姐」が頻出するので使い方に注目したい。

不釣合いな恋

nǐ wèi shén me bú fàng guò wǒ
你為什麼不放過我

どうして放っておいてくれないの

我的男孩　Ep.14

慶輝　　小菲

 wǒ bú huì ài nǐ de
我不會愛你的
わたしはあなたを愛さないわよ

 wǒ zhī dào
我知道
わかってる

yīn wèi wǒ zhǐ shì yí ge wéi bù zú dào de xiǎo zhù lǐ
因為我只是一個微不足道的小助理
僕はただのアシスタントにすぎないし

nǐ bù kě néng huì ài shàng yí ge
妳不可能會愛上一個

zhǐ néng qǐng nǐ chī jī pái de nán hái
只能請妳吃雞排的男孩
チキンカツしかおごることができない未熟な男に
恋なんてしないよね

nǐ de pǐn wèi méi yǒu nà me zāo
妳的品味沒有那麼糟
センスはひどくないし

zhì shāng méi yǒu nà me chǔn
智商 沒有那麼 蠢
IQ だって悪くないし

こんな
シーン

小菲に「能力も条件も私にふさわしくない」と拒絶された慶輝だがあきらめきれず、早朝、小菲を想いながら彼女の家の前にたたずんでいた。そこに現れた小菲は慶輝の想いを断とうと口を開くが、逆に慶輝からゆるぎない決意を告げられる。

>>> 我的男孩（年下のオトコ）の詳しい内容は p.45

wǒ qīn lüè le nǐ de shēnghuó
我侵略了妳的生活

僕はあなたの生活に乱入しちゃって

ràng nǐ jué de hěn fán hěn tǎo yàn hěn diū liǎn
讓妳覺得很煩很討厭很丟臉

ウザくてキライで恥ずかしいヤツと思わせちゃった

nǐ shuō de měi yí jù huà
妳說的每一句話

あなたが話したことは

wǒ dū jì de fēi cháng qīng chǔ
我都記得非常清楚

全部はっきり覚えてる

生詞　覚えておきたい語句

□ 微不足道 句	wéibùzúdào	ㄨㄟˊ ㄅㄨˋ ㄗㄨˊ ㄉㄠˋ	取るに足らない / 些細な
□ 雞排 名	jīpái	ㄐㄧ ㄆㄞˊ	チキンカツ
□ 品味 名	pǐnwèi	ㄆㄧㄣˇ ㄨㄟˋ	センス（品格と趣味）
□ 智商 名	zhìshāng	ㄓˋ ㄕㄤ	知能指数
□ 蠢 形	chǔn	ㄔㄨㄣˇ	愚かな / 間抜けな
□ 丟臉 形	diūliǎn	ㄉㄧㄡ ㄌㄧㄢˇ	恥ずかしい / 恥をかく

wǒ zhī dào nǐ bú huì ài wǒ
我知道妳不會愛我
あなたは僕のことを愛さないし

yě bù kě néng huì ài wǒ
也不可能會愛我
愛するはずもない

dàn yào jì xù ài nǐ shì wǒ de zì yóu
但要繼續愛妳是我的自由
だけどあなたを愛し続けることは僕の勝手です

bù xū yào nǐ de tóng yì
不需要妳的同意
あなたの同意なんていらないよ

nǐ wèi shén me fēi yào bǎ shì qíng gǎo de zhè me fù zá
你為什麼非要把事情搞得這麼複雜
どうしてそんなにややこしくしないといけないの

wèi shén me yào pò huài yuán běn hǎo hǎo de yí qiè
為什麼要破壞原本好好的一切
うまくいっていたのにどうしてすべてを壊すの？

wǒ men yǐ qián bú shì hěn kāi xīn ma
我們以前不是很開心嗎？
いままで楽しくやっていたじゃない

shén me dōu kě yǐ shuō
什麼都可以說
何でも話せて

shén me dōu kě yǐ fēn xiǎng
什麼都可以分享
何でも分かち合えた

nǐ wèishén me bù dāng wǒ dì di jiù hǎo le
你為什麼不當我弟弟就好了
弟としてわたしのそばにいれば

nà wǒ men jiù bú huì zhè me jí mò le
那我們就不會這麼寂寞了
こんな寂しい思いをしなくてすんだのに

wǒ zěn me kě yǐ ài nǐ
我怎麼可以愛你
どうしてあなたを愛することができる？

生詞 覚えておきたい語句

□ 繼續 動	jìxù	ㄐㄧˋ ㄒㄩˋ	続ける
□ 非要～不可	fēiyào~bùkě	ㄈㄟ ㄧㄠˋ ～ㄅㄨˋ ㄎㄜˇ	～しなければならない
□ 搞 動	gǎo	ㄍㄠˇ	行う
□ 分享 動	fēnxiǎng	ㄈㄣ ㄒㄧㄤˇ	分かち合う／シェアする
□ 寂寞 形	jímò	ㄐㄧˊ ㄇㄛˋ	寂しい

你的家人　我的家人
あなたの家族とわたしの家族

還有那些不相干的人會怎麼看我
それに無関係な人たちだってどんな目でわたしを見ると思う？

你真的覺得被全世界否定的
那種感覺很好受嗎？
全世界に否定される気分はいいものだと思ってるわけ？

為什麼非要拖我下水
どうしてわたしを巻き込まないといけないの

我好不容易才正常了
ようやく普通でいられるようになったのに

我好不容易才可以活在陽光底下
ようやく堂々と暮らせるようになったのに

我只想要平平靜靜的生活
平穏な暮らしをしたいだけなのに

wǒ zài yě bù xiǎng yào jīng lì nà zhǒng
我再也不想要經歷那種

ài shàng bù gāi ài de rén de jiān áo hé tòng kǔ le
愛上不該愛的人的煎熬和痛苦了

もう二度としてはいけない恋の辛さや痛みを味わいたくないの

nǐ wèishén me bú fàngguò wǒ
你為什麼不放過我？

どうして放っておいてくれないの？

生詞　覚えておきたい語句

□ 不相干	bùxiānggān	ㄅㄨˋ　ㄒㄧㄤ　ㄍㄢ	関わりのない
□ 拖下水	tuōxiàshuǐ	ㄊㄨㄛ　ㄒㄧㄚˋ　ㄕㄨㄟˇ	巻き込む
□ 陽光底下	yángguāng dǐxia	ㄧㄤˊ　ㄍㄨㄤ　ㄉㄧˇ　ㄒㄧㄚˋ	太陽の下で
□ 平平靜靜（的）	píngpíng jìngjìngde	ㄆㄧㄥˊ　ㄆㄧㄥˊ　ㄐㄧㄥˋ　ㄐㄧㄥˋ　ㄉㄜ˙	平穏な（形容詞の重ね型）⑩開開心心、快快樂樂
□ 煎熬 **動**	jiānáo	ㄐㄧㄢ　ㄠˊ	苦しめる
□ 痛苦 **形**	tòngkǔ	ㄊㄨㄥˋ　ㄎㄨˇ	苦痛である／つらい

wǒ bù kě néng huì fàngguò nǐ de
我不可能會放過妳的
あなたを放っておけないんだ

yīn wèi nǐ bú shì yí ge rén
因為妳不是一個人
なぜって、あなたは一人じゃありません

nǐ yǒu wǒ
妳有我
あなたには僕がいます

suǒ yǒu de tòng kǔ jiān áo nán guān tōngtōng jiāo gěi wǒ
所有的痛苦煎熬難關通通交給我
僕がすべての苦しみを背負います

wǒ lái jiě jué　　wǒ lái chéng dān　　wǒ lái
我來解決　我來承擔　我來！
僕が解決します　僕が負います　この僕が！

zhè yàng kě yǐ ài wǒ le ma
這樣可以愛我了嗎？
だから僕のことを愛してくれますか？

生詞 覚えておきたい語句

□ 通通 副	tōngtōng	ㄊㄨㄥ ㄊㄨㄥ	すべて / あらゆる
□ 交給 動	jiāogěi	ㄐㄧㄠ ㄍㄟˇ	引き渡す 交給我＝私に任せろ
□ 承擔 動	chéngdān	ㄔㄥˊ ㄉㄢ	引き受ける / 担う

恋の表現

nǐ shuō de měi yí jù huà　　wǒ dū jì de fēi cháng qīng chǔ
💗 **妳說的每一句話　我都記得非常清楚**

あなたが言ったことは全部はっきりと覚えています

「只是一個微不足道的小助理＝まだ駆け出しのアシスタント」「只能請妳吃雞排的男孩＝チキンカツをおごることくらいしかできない男子」「讓妳覺得很煩很討厭很丟臉＝ウザくてキライで恥ずかしいヤツと思わせてしまった」……すべて小菲が慶輝に言った言葉。あきらめさせるためとはいえ、キツい！

dànyào jì xù ài nǐ shì wǒ de zì yóu
💗 **但要繼續愛妳是我的自由**
bù xū yào nǐ de tóng yì
不需要妳的同意

だけどあなたを愛し続けることは僕の自由だ
あなたの同意なんていらないよ

どうしても小菲への想いを捨てきれない慶輝は覚悟を決めたようだ。もう後ろは向かない、と高らかに宣言する。

nǐ bú shì yí ge rén　　nǐ yǒu wǒ
💗 **妳不是一個人　妳有我**

あなたは一人じゃない　あなたには僕がいます

典型的な愛のフレーズ。年齢とステータスの壁をひょいと飛び越えてしまった慶輝の純粋で一途な愛。果たして小菲は彼を受け入れるのだろうか。

別れの予感

_{chú fēi nǐ bù xiǎng}
除非妳不想

君がほしくないのなら話は別だ

 耀起　 紹敏

_{dào dǐ wèishén me Zhōu Jì wēi duì nǐ lái shuō}
到底為什麼 周 繼薇對你來說
_{nà me zhòng yào a}
那麼 重 要啊

どうして周繼薇があなたにとってそんなに重要なの？

_{nǐ bú yào duǒ miàn duì wǒ de wèn tí}
你不要躲　面對我的問題

逃げないで　わたしの質問に答えて

_{wǒ bú shì gēn nǐ shuōguò le ma}
我不是跟妳說過了嗎？

言っただろう？

_{jiù shǒu zú zhī qíng ma}
就手足之情嘛

兄弟みたいなもんだ

_{nǐ jiù bǎ tā dàngchéng wǒ de qīn mèimeixiǎng yì xiǎng}
妳就把她當 成 我的親妹妹 想 一 想

俺の実の妹だと考えてみればいいじゃない

_{zhēn de yǒu nà me bù kě lǐ jiě ma}
真的有那麼不可理解嗎

そんなに理解しにくいのか

こんな
シーン

耀起は紹敏 Shàomǐn とのデートに繼薇を誘い、「台北に行ったら絶対これが食べたい!」という繼薇と約束していたものを食べ歩く。耀起にとっては故郷に帰ることになった繼薇との別れの儀式のつもりだったのだ。そのことを知った紹敏は二人の仲を疑い、耀起を責める。

>>> 妹妹 (僕らのメヌエット) の詳しい内容は p.53

duì　　　yīn wèi tā　bì jìng bú shì nǐ de qīn mèi mei
對! 因為她畢竟不是你的親妹妹

そうよ! だって本当の妹じゃないんだから

nǐ kě yǐ bǎ nǎi nai bǎi zài dì yī
你可以把奶奶擺在第一

お婆さんを1番に考えてもかまわないけど

dàn shì wǒ yǒngyuǎn bì xū zài dì èr
但是我永遠必須在第二

2番はいつだってわたしじゃなきゃだめ

nǐ píngshén me wèi le yí ge méiyǒu xiě yuánguān xì de
你憑什麼為了一個沒有血緣關係的

nǚ rén xī shēng wǒ
女人犧牲我

なんで血の繋がっていない女のためにわたしを犧牲にするのよ

生詞　覚えておきたい語句

□ 對你來說	duìnǐláishuō	ㄉㄨㄟˋ ㄋㄧˇ ㄌㄞˊ ㄕㄨㄛ	あなたにとって
□ 躲 動	duǒ	ㄉㄨㄛˇ	避ける
□ 手足之情 句	shǒuzúzhīqíng	ㄕㄡˇ ㄗㄨˊ ㄓ ㄑㄧㄥˊ	兄弟愛 (故事成語に因む言葉)
□ 畢竟 副	bìjìng	ㄅㄧˋ ㄐㄧㄥˋ	やっぱり / 結局
□ 擺 動	bǎi	ㄅㄞˇ	並べる / 配置する

151

wǒ gào sù nǐ　　wǒ bù xiǎng chū guó de yuán yīn hěn duō
我告訴你　我不想出國的原因很多
言っておくけど外国に行きたくない理由はいっぱいある

gēn shén me pì pái háng bǎng gēn běn méi yǒu guān xì
跟什麼屁排行榜根本沒有關係
クソみたいなランキングなんかと関係ない

gèng hé kuàng fàng zài wǒ xīn lǐ miàn de dōng xī
更何況放在我心裡面的東西
yě méi yǒu suǒ wèi pái háng
也沒有所謂排行
まして俺が心の中に置くものに順位なんかない

xiǎo shí hòu gēn nǐ yuē hǎo
小時候跟她約好
rú guǒ tā lái Tái běi jiù dài tā yī qǐ qù chī chī hē hē
如果她來台北就帶她一起去吃吃喝喝
小さい頃彼女が台北に来たら一緒に食べに行くと約束していたからな

suǒ yǐ jīn tiān jiù gāng hǎo yì qǐ qù
所以今天就剛好一起去
だから一緒に行くには今日がちょうどよかったんだ

ér qiě tā míng tiān jiù lí kāi tái běi le
而且她明天就離開台北了
それに彼女は明日台北を離れるけど

生詞 覚えておきたい語句

□ 排行 名	páiháng	ㄆㄞˊ ㄏㄤˊ	順位 排行榜＝ランキング
□ 約 動	yuē	ㄩㄝ	約束する 約好＝約束が完了している

kě shì wǒ men hái yǒu hǎo duō míng tiān
可是我們還有好多明天

俺たちにはまだ明日がたくさんある

nǐ zěn me zhī dào wǒ men hái yǒu hěn duō ge míng tiān
你怎麼知道我們還有很多個明天

どうしてわたしたちにはまだ明日がいっぱいあると思うのよ

chú fēi nǐ bù xiǎng
除非妳不想

君がほしくないなら別だけどな

恋の表現

wǒ yǒngyuǎn bì xū zài dì èr
♥ **我永遠必須在第二**　わたしはいつだって2番目じゃなきゃだめ

耀起がお婆ちゃんを大切にするのはわかるけど、その次に大切にされるべきは恋人であるべきわたし（なのにあなたはいつも繼薇ばかり気にかける）。わかりやすい嫉妬のフレーズ。

wǒ men hái yǒuhǎoduōmíngtiān
♥ **我們還有好多明天**　俺たちにはまだ明日がたくさんある

明日になったら繼薇は台北からいなくなるんだから（俺たちは大丈夫）、と紹敏の怒りを鎮めようとする耀起。繼薇への愛を封印した自分自身に言い聞かせていたのかもしれない。

chú fēi nǐ bù xiǎng
♥ **除非妳不想**　君が（明日を）ほしくないなら別だけどな

プチッと何かが切れる音がしそうな耀起の捨てゼリフ。二人の間に別れの予感が漂い始める。

wǒ bù néng piàn nǐ
我不能騙妳

俺は君をだませないよ

耀起　　　紹敏

wǒ bù néngpiàn nǐ
我不能騙妳
俺は君をだませないよ

gàn ma nà me yán sù　　hěn kě pà
幹嘛那麼嚴肅　很可怕
あらたまって何よ　怖いよ

Xiǎomǐn　　wǒ shì ài guò nǐ de
小敏　我是愛過妳的
小敏　俺は君を愛していた

wǒ hái jì dé　　nà tiān xià wǔ kàn dào nǐ de shí hòu
我還記得　那天下午看到妳的時候
まだ覚えているよ　あの日の午後君を見つけたとき

wǒ hǎo kāi xīn　　kě shì hòu lái
我好開心　可是後來…
俺は嬉しかったよ　でもそのあと……

wǒ kě yǐ bú yào zài tīng le ma
我可以不要再聽了嗎？
もう聞かなくていい？

wǒ hòu lái fā xiàn
我後來發現
俺は気づいたんだ

こんな
シーン

祖母の思い出の品をゴミに出してしまった紹敏に耀起は怒りを爆発させ、そこら中のものを叩き壊してしまう。なだめるように耀起を抱きしめる繼薇。やがて二人は感情を抑えきれずキスをする。翌朝、耀起は紹敏に自分の本当の気持ちを打ち明けるのだった。小敏 Xiǎomǐn ＝紹敏の愛称

>>> 妹妹（僕らのメヌエット）の詳しい内容は p.51

wǒ kāi xīn kàn dào nǐ shì yīn wèi
我開心看到妳是因為

君を見て嬉しく思ったのは

nǐ lái zì wǒ gēn Zhōu Jì wēi de huí yì
妳來自我跟周繼薇的回憶

君を見て俺と周繼薇との思い出がよみがえったからなんだ

zuó tiān wǎnshàng　　wǒ zuò le duì bù qǐ nǐ de shì
昨天晚上　我做了對不起妳的事

昨日の夜　君に謝らなければならないことをしてしまった

wǒ cóng lái méi yǒuxiàngshuíshuōguò duì bù qǐ
我從來沒有向誰說過對不起

今まで誰かに謝ったことなんかなかったけど

生詞　覚えておきたい語句

□ 嚴肅 形	yánsù	一ㄢˊ ㄙㄨˋ	厳粛な / 堅苦しい
□ 發現 動	fāxiàn	ㄈㄚ ㄒㄧㄢˋ	気がつく
□ 回憶 名	huíyì	ㄏㄨㄟˊ 一ˋ	思い出

155

我親了周繼薇
wǒ qīn le Zhōu Jì wēi
俺は周繼薇にキスした

因為我愛她
yīn wèi wǒ ài tā
彼女を愛しているから

夠了！
gòu le
もうやめて！

如果不是她阻止我
rú guǒ bú shì tā zǔ zhǐ wǒ
彼女が止めてくれなかったら

我會做出更對不起妳的事
wǒ huì zuò chū gèng duì bù qǐ nǐ de shì
もっと君に悪いことをしてしまったかもしれない

我會原諒你的
wǒ huì yuánliàng nǐ de
許すから

因為你那時候　你太脆弱
yīn wèi nǐ nà shí hòu　nǐ tài cuì ruò
あのときのあなたは弱ってたから

然後我知道你那個時候在跟我賭氣
rán hòu wǒ zhī dào nǐ nà ge shí hòu zài gēn wǒ dǔ qì
それにあのときあなたが意地になってたのを知ってるから

我更知道是因為周繼薇…
wǒ gèng zhī dào shì yīn wèi Zhōu Jì wēi
それに周繼薇のせいだと知っているし……

bú shì　　bú shì cuì ruò　　bú shì dǔ qì
不是　不是脆弱　不是賭氣

違う　弱ってたんじゃない　意地になってたんでもない

gèng bú shì Zhōu Jì wēi　　shì wǒ
更不是周繼薇　是我

周繼薇のせいでもない　俺のせいだ

yīn wèi wǒ hěn zǎo jiù　ài shàng Zhōu Jì wēi le
因為我很早就愛上 周繼薇了

ずっと昔から周繼薇を愛していたから

zǎo dào wǒ gēn běn fēn bù qīng chǔ
早到我根本分不清楚

shén me shí hòu shén me yuán yīn
什麼時候什麼原因

いつからなのか、どうしてなのかもわからないほど昔から

wǒ yě zǎo jiù zhī dào nà xiē xìn shì tā xiě de
我也早就知道那些信是她寫的

あの手紙も全部彼女が書いたってとっくに知ってたんだ

zhǐ shì wǒ bù gǎn chéng rèn　　yīn wèi Zhōu mā mā fǎn duì
只是我不敢承認　因為周媽媽反對

認める勇気がなかったんだ　周ママに反対されたから

生詞　覚えておきたい語句

□ 脆弱 形	cuìruò	ㄘㄨㄟˋ　ㄖㄨㄛˋ	もろい / 弱い
□ 賭氣 動	dǔqì	ㄉㄨˇ　ㄑㄧˋ	意地になる / ふてくされる
□ 信 名	xìn	ㄒㄧㄣˋ	手紙 寫信＝手紙を書く
□ 承認 動	chéngrèn	ㄔㄥˊ　ㄖㄣˋ	承認する / 認める

rú guǒ wǒ zài jì xù táo bì zhè yí qiè
如果我再繼續逃避這一切

wǒ zhǐ huì gèng làn
我只會更爛

もしこのまま逃げ続けたら俺はもっとダメになる

nǐ zhī dào ma
妳知道嗎？

知ってる？

zhǐ yǒu Zhōu Jì wēi kě yǐ ràng wǒ bù hài pà
只有周繼薇可以讓我不害怕

周繼薇がいれば俺は何も怖くないんだ

 nǐ wú chǐ bēi bǐ nǐ xiōng shǒu la qù sǐ
你無恥！卑鄙！你兇手啦！去死！

恥知らず！ 卑怯！ 悪党！ 死んじゃえ！

 Xiǎomǐn wǒ zhēn de duì bù qǐ nǐ
小敏　我真的對不起妳

小敏　本当にすまない

生詞　覚えておきたい語句

□ 爛 形	làn	ㄌㄢˋ	ボロボロである / 落ちぶれている （人に対して）最低な 例他真是一個爛人＝彼は本当に最低な人
□ 卑鄙 形	bēibǐ	ㄅㄟ ㄅㄧˇ	卑怯 / 下劣 / 卑しい
□ 兇手 名	xiōngshǒu	ㄒㄩㄥ ㄕㄡˇ	人殺し / 犯人
□ 去死 動	qùsǐ	ㄑㄩˋ ㄙˇ	死ぬ （相手を罵る言葉：くたばれ / 死ね）

恋の表現

wǒ shì ài guò nǐ de
♥ **我是愛過妳的**　俺は君を愛していた

「是～的」は断定の意味があるので「確実に愛していた」ことを伝えている。すでに過去形になっているところに注目。

wǒ zuò le duì bù qǐ nǐ de shì
♥ **我做了對不起妳的事**

君に謝らなければならないことをしてしまった

ついに白状してしまった。恋人に対して「對不起你的事」と言うときは浮気と相場が決まっている。

wǒ hěn zǎo jiù ài shàng Zhōu Jì wēi le
♥ **我很早就愛 上 周 繼薇了**
zǎo dào wǒ gēn běn fēn bù qīngchǔ shén me shí hòu shén me yuán yīn
早到我根本分不清楚什麼時候什麼原因

ずっと昔から周繼薇を愛していたんだ
いつからか何が原因かもわからないほど昔から

繼薇が生まれたときすでに傍らに耀起がいて、二人はお互いをかけがえのない存在として寄り添うように生きてきた。おそらく二人とも「什麼時候什麼原因」がわからないほど自然に愛し合うようになっていたのだろう。

zhǐ yǒu Zhōu Jì wēi kě yǐ ràng wǒ bù hài pà
♥ **只有 周 繼薇可以讓我不害怕**

周繼薇がいれば俺は何も怖くないんだ

二人がまだ子どものころ、危険な目に合うといつも「わたしがいるから怖くないよ」と耀起のそばを離れなかった繼薇。耀起の孤独を癒せるのは亡くなったおばあちゃんと繼薇だけなのだ。

台湾人に
聞く

台湾の結婚事情 ～台湾の結婚にまつわるアレコレ～

● 晩婚化と少子化は日本と同じ

　台湾政府の調べによると、台湾人の2018年の初婚平均年齢は男性が32.5歳、女性が30.2歳となっている。同年の日本の統計は男性が31.1歳、女性が29.4歳（厚生労働省調べ）と似ている。両国とも婚姻数は2015年以降5年連続で減少傾向にあり、少子化・晩婚化は共通の問題といえそう。台湾人が結婚に慎重になる理由として、給料が低くて家が買えないのに家庭を築き子育てをする自信がもてないという声が多い。そのせいか台湾では夫婦の共働き率はとても高く、特に女性のキャリア志向が高い。女性は既婚未婚に関わらず仕事を持ち、出産後も仕事を続けるのが一般的である。本書で紹介したドラマでも、ヒロインの多くは仕事に生きがいを見つけて活躍している。

● 結婚前の大事な儀式「訂婚」とは

　台湾ではプロポーズが成立すると最初に行われるのが「**提親** tíqīn」という儀式。これは新郎新婦の親族が顔合わせをし、結婚の日取りや式場、費用などについて話し合うもの。結婚式の日取りは新郎新婦の生年月日や誕生時刻を元に「八字」と呼ばれる占いで選ぶ。

　「提親」を滞りなく終えると、結婚式を挙げる前に「**訂婚** dìnghūn」という儀式を行う。訂婚は日本の結納に当たるもので、新郎とその親族が新婦の家に訪れて結納金の受け渡しや贈り物の交換を行う。儀式には伝統に準じた細かい作法が定められており、新郎は6種（または12種）の現金、宝石類、貴金属、箱菓子（**喜餅** xǐ bǐng）などの贈り物を持参し、新婦は新郎の親族に甘いお茶をふるまう。訂婚のときの女性は赤いドレスや「旗袍 qípáo：チャイナドレス」を着ることが多い。

　ちなみに、大安や仏滅など日本で使われる吉凶の指標は台湾では使われ

ず、日取りはもっぱら占いによって決められる。また、思い出作りとして
海外や国内のお洒落な教会で愛を誓う
カップルも多く、台湾には礼拝を目的
としない、美しいアート作品のような
教会もある。

巨大なハイヒール型の教会
高跟鞋教堂（台南・嘉義）

● 政府主催の共同結婚式はコストを抑えたいカップルの強い味方

　台湾では地方政府が主催する共同結婚式「**聯合婚禮** liánhé hūnlǐ」が年
2回ほど開催され、1回につき100組近くのカップルがこれを利用してい
る（地方によって違いあり）。参加費は無料または保証金制（後で返ってく
る）なので結婚式にお金をかけたくないカップルにはうれしい。会場とな
るのは緑の芝生が気持ちよい屋外の広場や、収容人数の多い公会堂やホー
ルなどで、事前に参加申込みをしたカップルが当日ウェディングドレスと
礼服を着用して現地に集合する。そして、全員が証人の前でいっせいに結
婚の誓いを交わし、その場で結婚証明書を受けとる。挙式から入籍までの
一連の手続きが一度に短時間でできるというわけだ。

　式では政府を代表して市長や議員が祝福のスピーチを行うほか、最大
のおたのしみとしてハネムーンの往復エアチケットや高級ホテルのバウ
チャー券、家電製品などが当たる婚礼ギフト抽選会が行われる。興味深い
のは「同性婚もOK」となっているところ。もともと同性愛に寛容な台湾
では、2019年に東アジアで初めて同性婚を合法化している。2017年に台
湾で公開された映画『52Hzのラヴソング』（配信サイトで視聴可能）では、
女性同士のカップルが共同結婚式に参加する様子や、特別出演の台北市長・
柯文哲氏（当時）がスピーチするシーンが描かれている。

　また、台電（台灣電力）や中鋼（中國鋼鐵）など数万人規模の社員を
抱える大企業でも従業員のための共同結婚式を開催している。

Chapter 5

恋の結末

長い道のりの果てに

wǒ xiǎng yào gēn tā jié hūn
我想要跟她結婚

彼女と結婚したいんです

惡作劇之吻　Ep.29

直樹　 才叔

Cái shū　　wǒ yǒu huà yào duì nǐ shuō
才叔　我有話要對你說

才おじさん　話があります

qǐng nǐ bǎ Xiāng qín jià gěi wǒ
請你把 湘 琴嫁給我

湘琴と結婚させてください

wǒ zhōng yú liǎo jiě
我 終 於了解

wǒ zhēnzhèngxiǎng yào de rén zhǐ yǒu Xiāng qín
我真 正 想 要的人只有 湘 琴

俺が本当に欲しいのは湘琴だけだとようやくわかりました

wǒ xiǎng yào gēn tā jié hūn
我 想 要跟她結婚

彼女と結婚したいんです

dāng rán bú shì xiàn zài
當然不是現在

もちろん今すぐではありません

hái yào děng Xiāng qín dà xué bì yè
還要等 湘 琴大學畢業

湘琴が大学を卒業して

gōng sī yě chóng xīn bù shàng guǐ dào zhī hòu
公 司也 重 新步 上 軌道之後

会社が軌道に乗った後です

こんな
シーン

雨の中の告白（p.112 Chapter 3 scene 17 参照）のあと、直樹は湘琴を連れて家路を急ぐ。ちょうど家族が湘琴の父との別れを惜しんでいるところに二人が帰ってくる。直樹はずぶ濡れのまま真っ先に湘琴の父に歩み寄り、湘琴との結婚の許しを乞うのだった。才叔＝湘琴の父

>>> 惡作劇之吻（イタズラな Kiss）の詳しい内容は p.29

dàn shì bù guǎn zěn me yàng
但是不管怎麼樣

wǒ xī wàng hé wǒ yì qǐ dù guò xià bàn bèi zi de rén
我希望和我一起度過下半輩子的人

zhǐ yǒu Xiāng qín
只有湘琴

どうであれ人生の後半を一緒に過ごしたいのは湘琴だけです

Cái shū qǐng nǐ bǎ nǚ ér jià gěi wǒ
才叔 請你把女兒嫁給我

才おじさん どうかあなたの娘と結婚させてください

Zhí shù nǐ zhī dào ma
直樹 你知道嗎？

直樹くん 知ってるか？

wǒ zhè ge bèn nǚ ér tā shén me dōu bú huì
我這個笨女兒 她什麼都不會

うちのバカ娘は何もできない

生詞 覚えておきたい語句

□ 畢業 動	biyè	ㄅㄧ丶 ㄧㄝ丶	卒業する
□ 重新 副	chóngxīn	ㄔㄨㄥˊ ㄒㄧㄣ	重ねて/もう一度
□ 步 動	bù	ㄅㄨ丶	前に進む 步上軌道＝軌道にのせる

wǒ zhī dào
我知道
知っています

năo jīn yòu bù língguāng
腦筋又不靈光
頭だって悪いし

wǒ zhī dào
我知道
知っています

yòu bú huì zuò cài
又不會做菜
料理もできないし

wǒ zhī dào
我知道
知っています

shén me shì dōu zuò bù hǎo　yòu chángcháng chū zhuàngkuàng
什麼事都做不好 又常常出狀況
何もうまくできなくて　しょっちゅうトラブルを起こすし

wǒ zhī dào
我知道
知っています

kě shì tā tiānshēng jiù hěn lè guān
可是她天生就很樂觀
生まれつきのポジティブで

shì yí ge yì gēnchángzi tōngdào dǐ de shǎ yā tou
是一個一根腸子通到底的傻丫頭
真っすぐなバカ娘だ

wǒ zhī dào
我知道
知っています

nà wǒ bǎ zhè ge bǎo bèi nǚ ér　　jiāo gěi nǐ le
爸 那我把這個寶貝女兒　交給你了
それなら大事な娘をあなたに任せるよ

xiè xie Cái shū
謝謝才叔
才おじさん、ありがとうございます

wǒ cái yào xiè xie nǐ　　xiè xie nǐ
爸 我才要謝謝你　謝謝你
礼を言うのは俺のほうだ。ありがとう

轉向湘琴 湘琴の方を向いて

Xiāng qín　　nǐ yuàn yì jià gěi wǒ ma
湘琴　妳願意嫁給我嗎？
湘琴、結婚してくれませんか？

生詞 覚えておきたい語句

□ 腦筋 名	nǎojīn	ㄋㄠˇ ㄐㄧㄣ	頭脳
□ 靈光 形	língguāng	ㄌㄧㄥˊ ㄍㄨㄤ	冴えている
□ 天生 形	tiānshēng	ㄊㄧㄢ ㄕㄥ	生まれつき
□ 樂觀 形	lèguān	ㄌㄜˋ ㄍㄨㄢ	楽観的
□ 一根腸子 通到底 句	yīgēnchángzǐ tōngdàodǐ	ㄧˋ ㄍㄣ ㄔㄤˊ ㄗ˙ ㄊㄨㄥ ㄉㄠˋ ㄉㄧˇ	真っすぐ / 単純で実直（本来曲がりくねっているはずの腸まで真っすぐ、というたとえ）
□ 傻丫頭 名	shǎyātou	ㄕㄚˇ 一ㄚ ㄊㄡ˙	おバカな娘 丫頭=娘　傻=バカな

167

wǒ zhōng yú liǎo jiě　　wǒ zhēnzhèngxiǎngyào de rén zhǐ yǒu Xiāng qín
💛 我終於了解 我真正想要的人只有湘琴

僕が本当に欲しいのは湘琴だけだとようやくわかりました

高校生のときに出会い、不思議な偶然で同居を始めた直樹と湘琴。
一途な湘琴に対し、直樹が湘琴の大切さに気づくまでに実に5年を
要したというわけ。それでも直樹に「真正想要的人」だということ
を「終於了解」させた湘琴の、見事なハッピーエンド！

wǒ xī wàng hé wǒ yī qǐ dù guò xià bàn bèi zi de rén　zhǐ yǒu Xiāng qín
💛 我希望和我一起度過下半輩子的人 只有湘琴

人生の後半を一緒に過ごしたいのは湘琴だけです

自分の想いのたけを湘琴パパに伝える直樹。本当に大切な人も、人
生の後半を一緒に過ごしたい人も「只有湘琴（湘琴だた一人）」だ
と。パパに「不器用でドジで何にもできないバカ娘だけど本当にい
いの？」と念を押されるが、そんな湘琴のすべてが愛しい直樹な
のだ。

nǐ yuàn yì jià gěi wǒ ma
💛 妳願意嫁給我嗎？　僕と結婚してくれませんか？

ハッピーエンドの仕上げは待望のプロポーズの言葉！ 湘琴の長か
った恋が成就した瞬間だ。台湾ドラマでは男性が「妳願意嫁給我
嗎？」と女性の前でひざまづき指輪を差し出すのが定番。そしてこ
れを見守っていた周りの人々が「嫁給他！嫁給他！」とはやし立て
るシーンもよく出てくる。承諾する場合、女性は「我願意」と言い
ながら指輪を受けるために右手を差し出す。

コラム

結婚の単語 ①

●**未婚妻 / 未婚夫**（フィアンセ）wèi hūn qī / wèi hūn fū

●**求婚**（プロポーズ）qiú hūn

●**訂婚**（婚約）dìng hūn

●**結婚**（結婚）jié hūn

●**婚禮（結婚典禮）/ 婚宴**（披露宴）hūnlǐ / hūnyàn

●**新郎 / 新娘**（花婿 / 花嫁）xīn láng / xīn niáng

●**伴郎 / 伴娘**（花婿の介添人 / 花嫁の介添人）bàn láng / bàn niáng

●**花童**（フラワーガール・フラワーボーイ）huā tóng

●**婚戒（結婚戒指）**（結婚指輪）hūn jiè（jié hūn jiè zhǐ）

●**婚紗**（ウェディングドレス）hūn shā

ウェディングドレスを着て写真を撮ることを「**婚紗照** hūn shā zhào」という。この写真をアルバムにして結婚式の会場の受付のところにおいて来客に見せる。お持ち帰り用に名刺大のカード「**婚禮小卡** hūn lǐ xiǎo kǎ」にして配ったり、等身大パネル「**人型立牌** rén xíng lì pái」にすることも。台湾の女性にとって婚紗照はとても重要なもの。最高に美しい自分の記録を残すために外国まで撮影に行く人も少なくない。

●**捧花**（ブーケ）pěng huā

●**喜餅**（引き出物のお菓子）xǐ bǐng

新郎側が新婦側の客に配るもの。伝統的な中華菓子と洋菓子が使われる。さきごろ台湾人女優の林志玲 lín zhì líng と結婚した AKIRA 氏の喜餅が日本の某有名ブランドのお菓子であったことが話題になった。

喜餅の例

●**喜糖**（新郎新婦が配るお祝いの飴）xǐ táng

●**喜帖**（結婚式の招待状）xǐ tiě

紅い喜帖を受け取った人はご祝儀（**紅包** hóng bāo）のための出費を覚悟しなければならないところから「**紅色炸彈** hóng sè zhà dàn」とも呼ばれる。

喜帖の例

恋愛を始めるための条件

ài qíng bú shì
愛情不是
rén shēng dāng zhōng de quán bù
人生當中的全部
愛情が人生のすべてじゃないわ

我的男孩 Ep.16

🔴 慶輝　🔵 小菲

dì yī　　gōng sī fēn míng
第一　公私分明
1つ目　公私混同しない

gōng zuò chǎng hé bù xǔ tán liàn ài
工作場合不許談戀愛
仕事に恋を持ち込まない

bù kě yǐ gǎn qíng yòng shì
不可以感情用事
感情に走らない

dì èr　　　ài qíng bú shì rén shēng dāng zhōng de quán bù
第二　愛情不是人生當中的全部
2つ目　愛情が人生のすべてじゃないわ

qīn qíng yǒu qíng gōng zuò　dōu hǎo hǎo jīng yíng
親情友情工作都好好經營
家族　友情　仕事　すべてをちゃんとする

dì sān　　　rú guǒ dào zuì hòu
第三　如果到最後
3つ目　もし最後になって

wǒ men hái shì jué de bú shì hé de huà
我們還是覺得不適合的話
わたしたちがやっぱり合わないことがわかったら

広告の撮影現場で一緒に働くことになった慶輝と小菲。小菲への気持ちを母に激しく批難され家出をした慶輝は撮影のセットで寝泊まりしている。さまざまな苦労を経験してたくましく成長していく慶輝の姿に小菲も自分に素直になろうと決意する。そこで小菲が慶輝に告げたのは恋を始めるための３つの条件だった。 >>> 我的男孩（年下のオトコ）の詳しい内容は p.45

kě yǐ hǎo hǎo de gēn wǒ shuō fēn shǒu ma
可以好好的跟我說分手嗎？
きちんと別れを告げてくれる？

wèi shén me dōu yào wǎng huài de dì fāng qù xiǎng
為什麼都要往壞的地方去想？
どうして何でも悪い方に考えるの？

huí dá wǒ
回答我
答えて

wǒ kě yǐ tiáozhěng a
我可以調整啊
僕は調整できるよ

nǐ yě kě yǐ tiáozhěng a
妳也可以調整啊
あなたも調整できるよね

生詞 覚えておきたい語句

□ 公私分明 gōngsīfēnmíng	ㄍㄨㄥ ㄙ ㄈㄣ ㄇㄧㄥˊ	公私混同しない
□ 經營 動 jīngyíng	ㄐㄧㄥ ㄧㄥˊ	こなす / うまくまわす
□ 壞 形 huài	ㄏㄨㄞˋ	悪い

yào shì wàn yī zhēn de hái shì bù xíng de huà
要是萬一真的還是不行的話
もし万が一、ほんとうに合わなかったときは

wǒ huì hǎo hǎo kàn nǐ lí kāi wǒ
我會好好看妳離開我
ちゃんとあなたが僕から離れるのを見送るよ

bù kū bú nào
不哭不鬧
泣いたり、騒いだりしないでね

gàn má xiǎo kàn wǒ
幹麻小看我
僕をなめないでよ

gǎo bù hǎo dào shí hòu yòu kū yòu nào
搞不好到時候又哭又鬧

yòu shě bù dé de rén shì nǐ
又捨不得的人是妳
泣いたり騒いだり、離れたくないのはあなたのほうかもしれないよ

生詞 覚えておきたい語句

□ 要是 接	yàoshi	一ㄠˋ ㄕˋ	もし 要是〜的話＝もし〜なら
□ 幹麻〜	gànmá	ㄍㄢˋ ㄇㄚˊ	なんだよ（少し怒っているニュアンスを含む）
□ 小看 動	xiǎokàn	ㄒ一ㄠˇ ㄎㄢˋ	軽く見る／見下す
□ 捨不得 動	shěbùdé	ㄕㄜˇ ㄅㄨˋ ㄉㄜˊ	離れられない

　　fēn shǒu zhī hòu　　hái yào jì xù hǎo hǎo de xiàngqián
分手之後　還要繼續好好的向前
別れてもちゃんと前に進んで

　　zuò yí ge gèng hǎo de nán rén　　kě yǐ ma
做一個更好的男人　可以嗎？
もっといい男になって　できるわね？

　　kě yǐ xiān nán guò yí xià　　zài wǎngqián ma
可以先難過一下　再往前嗎
ちょっとだけ悲しんでから前に進んでもいいかな

　　rú guǒ zhè sān diǎn　　nǐ dōu kě yǐ bǎozhèng de huà
如果這三點　你都可以保證的話
もし、この３つを全部約束できるのなら

　　nà jiù　　nà jiù hǎo ba
那就…那就好吧
それなら……それならいいわ

小菲と慶輝　　『年下のオトコ』©2017 Gala Television. All Rights Reserved.

wǒ men hái shì jué de bú shì hé de huà
💜 我們還是覺得不適合的話
kě yǐ hǎohǎo de gēn wǒ shuō fēn shǒu ma
可以好好的跟我說分手嗎？

もしわたしたちが合わないことがわかったらきちんと別れを告げてくれる？

恋を始めるにあたって小菲が慶輝に提示した条件の3つ目は「不適合（お互いが恋人としてふさわしくない）」とわかったときは恋を手放す勇気を持ってほしいということ。これは小菲がつらい恋から学んだ経験則なのかもしれない。

fēn shǒu zhī hòu hái yào jì xù hǎohǎo de xiàngqián
💜 分手之後 還要繼續好好的 向 前
zuò yí ge gènghǎo de nánrén kě yǐ ma
做一個更好的男人 可以嗎？

別れてもちゃんと前に進んでもっといい男になって。できるわね？

この恋が慶輝を成長させるものであってほしいと願う小菲の姉目線の言葉。

rú guǒzhèsāndiǎn nǐ dōu kě yǐ bǎozhèng de huà nà jiù hǎo ba
💜 如果這三點 你都可以保 證 的話 …那就好吧

この3つを全部約束できるなら……それならいいわ

「那就好吧（それならいいわ）」は、正確には「それなら〝つきあっても〟いいわ」という意味。このセリフのあと、省略された部分を聞き出そうと必死に食い下がる慶輝のリアクションがおもしろいので続きはドラマでぜひ。

コラム

結婚の単語 ②

●禮金 (ご祝儀) lǐ jīn

結婚のご祝儀は、日本では割り切れない奇数が縁起がよいとされるが、台湾では偶数が吉祥の数字。偶数はペアになれる、という意味合いもある。金額は 2200、2600、3200、3600 というふうに必ず偶数にし、会場(高級ホテル、結婚式場、一般的なホテル、**流水席** liú shuǐ xí (屋外や路上の宴席))や新郎新婦との関係性(仕事上の関係、とても親しい関係、それほど親しくない関係など)で相場が決まる。ご祝儀は紅いご祝儀袋「**紅包** hóng bāo」に入れ、表に「**祝福語** zhùfú yǔ」を書いて渡す。

結婚祝福語の例
百年好合、永浴愛河、新婚誌喜、相親相愛、永結同心、才子佳人、愛情永固、天作之合、心心相印、相敬如賓、美滿家庭、白頭偕老、夫唱婦隨など

●二進(二次進場) (二度目の登場)　èr jìn / èr cì jìn chǎng

日本の結婚式でいう「お色直し」に当たる。台湾の結婚式は二部構成。一部で両親への挨拶や全員での乾杯を済ませ、二部で新郎新婦がお色直しをして登場。新郎新婦とその両親がテーブルを回り来客と乾杯(**敬酒** jìng jiǔ)する。フルーツが出されたら式は終了という合図。日本のように司会者による締めの挨拶などはないので客は各々が適当に退場する。

●迎娶 (花嫁をお迎えする儀式) yíng qǔ

式場に向かう前に花婿とその親族が装飾された車列を組んで花嫁の家(または滞在中のホテル)に花嫁を迎えに行く儀式。車が花嫁の家の 100m 手前に来たら爆竹を鳴らす、車から降りたらオレンジかリンゴを触るなど、伝統に則る細かいルールが定められている。

●敬酒 (乾杯の儀式) jìng jiǔ

ホスト(新郎新婦および親族)がゲストに感謝を込め、お酒の入ったグラスをかかげて乾杯の音頭をとる。

●閃婚(閃電結婚) (電撃結婚) shǎn hūn / shǎn diàn jié hūn

●相親結婚 (お見合い結婚) xiàng qīn jié hūn

●私奔(私奔結婚) (駆け落ち結婚) sī bēn / sī bēn jié hūn

もう後ろを振り向かない

zhǔn bèi hǎo
準備好

yì qǐ diào xià qù le ma
一起掉下去了嗎？

一緒に落ちる準備はできたか？

 妹妹　Ep.11

 耀起　繼薇

wǒ yì zhí zhǎo nǐ yì zhí zhǎo nǐ
我一直找你一直找你

ずっと、ずっと探してたんだよ

wǒ hái yǐ wéi zài yě jiàn bú dào nǐ le
我還以為再也見不到你了

もう会えないかと思った

gàn ma zhǎo wǒ
幹嘛找我

なんで俺を探すんだ

bú shì shuō yǐ jīngzhǎng dà le ma
不是說已經 長 大了嗎？

もう大人になったって言わなかった？

bú shì shuō zhǐ shì tóngqíng wǒ ma
不是說只是同情我嗎？

俺に同情していただけって言わなかった？

bú shì shuō yào wǒ bú yào zài dǎ rǎo nǐ men ma
不是說要我不要再打擾你們嗎？

もう君たちの邪魔をするなって言わなかった？

こんな
シーン

「一緒に落ちよう」。耀起は繼薇の携帯にそんなメッセージを送り、故郷の「秘密基地」で繼薇を待つ。一方、繼薇の身には思いがけない危険が迫っていた。いくつものすれ違いののち、繼薇はやっと秘密基地にたどり着き耀起との再会を果たす。もう二人を遮るものは何もなかった。

>>> 妹妹（僕らのメヌエット）の詳しい内容は p.53

rén jiā jiù yǒu gēn wǒ ài de rén shuō zài jiàn
人家就有跟我愛的人說再見

わたしはちゃんと愛している人にさよならと言ったよ

wǒ tīng dào le　　wèn tí shì
我聽到了　問題是…

聞いたよ　問題は……

zài jiàn　　yǒu hěn duō zhǒng
「再見」有很多 種

「さよなら」にはいろんな形があって

wǒ ài de rén yě yǒu hěn duō zhǒng
我愛的人也有很多 種

俺が愛している人もいろいろだ

生詞 覚えておきたい語句

□ 找 動	zhǎo	ㄓㄠˇ	探す
□ 已經 副	yǐjing	一ˇ ㄐㄧㄥ	すでに
□ 打擾 動	dǎrǎo	ㄉㄚˇ ㄖㄠˇ	邪魔をする

nǐ shì nǎ yì zhǒng
妳是哪一種？

お前はどっち？

péi nǐ yì qǐ diào xià qù de nà zhǒng
陪你一起掉下去的那種

あなたと一緒に落ちる方だよ

guò lái　　zhǔn bèi hǎo yì qǐ diào xià qù le ma
過來　準備好一起掉下去了嗎？

来いよ　一緒に落ちる準備はできたか？

rén jiā cóng liù suì jiù yǐ jīng zhǔn bèi hǎo le
人家從六歲就已經準備好了！

6歳のときから準備できてるよ！

生詞 覚えておきたい語句

□ 掉 動	diào	ㄉㄧㄠˋ	落ちる 掉下去＝低い所に落ちる
□ 過來 動	guòlái	ㄍㄨㄛˋ ㄌㄞˊ	（話し手の方に）やって来る 命令形で「来い／来なさい」

恋の表現

♥ zàijiàn yǒuhěnduōzhǒng wǒ ài de rén yě yǒuhěnduōzhǒng
「再見」有很多 種　我愛的人也有很多 種
「さよなら」にはいろいろ種類があって、愛する人もいろいろだ

耀起はある日突然逝ってしまった最愛の祖母にちゃんと「さよなら」が言えなかったことを悔やみ悲しむ。その心の痛みを誰よりもよく知る繼薇は、袁方 Yuánfāng（繼薇との交際を望む建築家）に監禁されたとき、身の安全をはかるために耀起に「さよなら」を告げる。繼薇にとってそれは「あなたは最愛の人」というせいいっぱいのメッセージだったのだ。解放されて再会を果たした二人の会話にはこのときの思いが込められている。

♥ péi nǐ yì qǐ diào xià qù dì nà zhǒng
陪你一起掉下去的那 種 あなたと一緒に落ちる方だよ

繼薇と一緒に生きることを決意した耀起の「一起掉下去（一緒に落ちよう）」というメッセージに対する返事。6歳の繼薇は、いじめっ子たちに「伝説のブラックホール（空き地にある暗い洞窟）に行け」と言われた耀起に「わたしが一緒に落ちてあげるから怖くないよ」と寄り添った。二人の恋はこのときにすでに始まっていたのかもしれない。

耀起と繼薇

恋人は大親友

wǒ yǒng yuǎn dōu huì
我永遠都會
zài nǐ shēn biān
在妳身邊

ずっと君のそばにいるよ

我可能不會愛你　Ep.13

 大仁　● 又青

zhè yàng hái mǎn shū fú de
這樣還滿舒服的
こういうの気持ちいいね

nǎ yàng
哪樣？
どういうの？

zuò zài zhè yàng de kè tīng lǐ a
坐在這樣的客廳裡啊
こういうリビングに座って

xiǎng zhe wǎn cān de cài dān
想著晚餐的菜單
晩御飯のメニューを考えるのって

hái mǎn shū fú de
還滿舒服的
とってもいい気持ち

nà yào bú yào jiù yí bèi zi zuò xià qù
那…要不要就一輩子坐下去
じゃ……一生座ったら？

kě yǐ a
可以啊
いいよ

立威と別れ、家具メーカーに転職した又青は充実した毎日を過ごしていた。31回目の誕生日、ショールームで残業していた又青の前にサプライズで大仁が現れる。いつか夢に見たのとそっくりなリビングのソファに仲よく腰かけ、お互いの大切さを確かめ合うのだった。

>>> 我可能不會愛你（イタズラな恋愛白書）の詳しい内容は p.91

nǐ zhǐ yào huā sān shí bā wàn qī qiān liù bǎi wǔ shí yuán

你只要花三十八萬七千六百五十元

jiù kě yǐ yí bèi zi zuò xià qù

就可以一輩子坐下去

387,650元を払えば一生座れるよ

sān shí bā wàn qī qiān liù bǎi wǔ shí yuán yě

三十八萬七千六百五十元也…

bāo kuò nǐ ma

包括妳嗎？

387,650元には……君も含まれるの？

zhè wǒ jiù děi wèn yí xià wǒ　zuì hǎo de péngyǒu　luō

這我就得問一下我「最好的朋友」囉

それはわたしの「大親友」に聞かないと

生詞　覚えておきたい語句

□ 滿 副	mǎn	ㄇㄢ ˇ	けっこう（「好」「很」と同じ意味）「滿〜的」という形で使われる
□ 舒服 形	shūfu	ㄕㄨ ㄈㄨ ˊ	心地いい / 気持ちいい
□ 客廳 名	kètīng	ㄎㄜ丶 ㄊㄧㄥ	リビング / 客間
□ 包括 動	bāokuò	ㄅㄠ ㄎㄨㄛ丶	含む

又青打電話給大仁 その場で又青が大仁の携帯に電話をかける

wèi
喂
もしもし

āi　　nǐ jué de Lǐ Dà rén zěn me yàng
欸　你覺得李大仁怎麼樣？
ねぇ、李大仁はどう思う？

en　　nǐ kàn nán rén de yǎn guāng zhōng yú tí shēng le
嗯　妳看男人的眼光終於提升了
うん、君の男を見る目はやっとよくなったな

nǐ què dìng shì tí shēng
你確定是提升
本当によくなったのかな？

ér bú shì　　jiāng jiù
而不是「將就」？
「折り合いをつけた」のじゃなくて？

wǒ què dìng
我確定
保証する

ér qiě wǒ hái què dìng nǐ men de ài qíng
而且我還確定你們的愛情
しかも君たちの愛は

bú huì yǒu gāo cháo dié qǐ
不會有高潮迭起
波瀾万丈で

182

jīng tiān dòng dì de
驚天動地的「moment」
天地を揺るがす「モーメント」はないけど

dàn jué duì shì   lì jiǔ mí xīn
但絕對是「歷久彌新」
きっと「時間がたつほどに新鮮に感じられる」と保証するよ

yīn wèi zài guò qù de shí wǔ nián
因為在過去的十五年
なぜなら今までの 15 年間

nǐ men zǒng yǒu shuō bù wán de huà
你們總有說不完的話
君たちにはいつも話しきれないほどの話題があったからね

suǒ yǐ xià yí ge shí wǔ nián
所以下一個十五年
次の 15 年間も

xià xià ge shí wǔ nián
下下個十五年
その次の 15 年間も

生詞 覚えておきたい語句

□ 眼光 名	yǎnguāng	ㄧㄢˇ ㄍㄨㄤ	眼力
□ 提升 動	tíshēng	ㄊㄧˊ ㄕㄥ	引き上げる
□ 將就 動	jiāngjiù	ㄐㄧㄤ ㄐㄧㄡˋ	折り合う / 間に合わせる
□ 高潮迭起	gāocháodiéqǐ	ㄍㄠ ㄔㄠˊ ㄉㄧㄝˊ ㄑㄧˇ	次から次に起こる高まり（＝波乱万丈）
□ 歷久彌新 句	lìjiǔmíxīn	ㄌㄧˋ ㄐㄧㄡˇ ㄇㄧˊ ㄒㄧㄣ	時代を超越する（時間が経つほど新鮮に感じられる）

xià xià xià ge shí wǔ nián
下下下個十五年…
さらに次の15年間も……

tíng
停
ストップ

wǒ zhǐ yào nǐ gēn wǒ bǎo zhèng
我只要你跟我保證
bù guǎn wǒ gēn Lǐ Dà rén shì bú shì fēn le
不管我跟李大仁是不是分了
nǐ yǒngyuǎn dōu huì zài wǒ shēnbiān
你永遠都會在我身邊
わたしが李大仁と別れようとしてもずっとわたしのそばにいてくれる
ことだけ保証してくれればいいわ

放下電話轉向又青　電話を置いて又青の方に向き直る

wǒ yǒngyuǎn dōu huì zài nǐ shēnbiān
我永遠都會在妳身邊
俺はずっと君のそばにいるよ

shēng rì kuài lè
生日快樂
お誕生日おめでとう

準備要接吻　キスしようとして

wǒ méi yǒu gēn hǎo péngyǒu jiē guòwěn ye
我沒有跟好朋友接過吻耶
俺、親友とキスしたことないよ

wǒ yě shì
我也是

わたしも

nà nǐ xí guàn nǎ yì biān
那妳習慣哪一邊？

じゃ君はどっち側がいい？

nǎ yǒu rén zhè yàng wèn de lā
哪有人這樣問的啦

そういうことを聞く人いる？

zhè biān ba
這邊吧

こっち側かな

wǒ yě shì　　　nà wǒ lái luō
我也是　那我來囉

俺も　じゃ、行くね

大仁と又青　　『イタズラな恋愛白書』©Gala Television Corporation

妳看男人的眼光 終於提升了
nǐ kàn nán rén de yǎnguāng zhōng yú tí shēng le

君の男を見る目はやっとよくなったな

又青の恋愛をずっとそばで見てきた大仁。又青の元カレたちは浮気性だったり束縛男だったり、密かに又青を愛してきた大仁は気が気じゃなかったに違いない。「終於（やっと）誰がいちばん君にふさわしい男か気づいたね＝君を幸せにできるのは俺だけ」という気持ちがにじみ出ている。

因為在過去的十五年　你們總有說不完的話
yīn wèi zài guò qù de shí wǔ nián　nǐ men zǒng yǒu shuō bù wán de huà

なぜなら今までの 15 年間　君たちにはいつも話しきれないほどの話題があったからね

第三者からの電話相談という設定で話しているので自分たちのことを「你們」と表現。出会いから 15 年。会えばいつでも腹蔵なくおしゃべりを楽しんできた仲である。「だから次の 15 年も、その次の 15 年も……」ずっとおしゃべりし続けられるよね、と続ける大仁。完全に結婚を前提とした交際宣言ではないか。

我只要你跟我保證　不管我跟李大仁是不是分了
wǒ zhǐ yào nǐ gēn wǒ bǎozhèng　bù guǎn wǒ gēn Lǐ Dà rén shì bù shì fēn le
你永遠都會在我身邊
nǐ yǒngyuǎn dōu huì zài wǒ shēnbiān

わたしが李大仁と別れようとしてもずっとわたしのそばにいてくれることだけ保証してくれればいいわ

少し上から目線なのは、高校時代からの二人の関係性を物語っている。しかし「（いままでずっとそばにいてくれたように）永遠にそばにいて」という、大仁の愛をしっかりと受けとめた又青の、熱烈な愛の告白である。

コラム

結婚の単語 ③ ～式場編～

● **辦桌**（テーブルセット）bàn zhuō

● **流水席**（特設会場）liú shuǐ xí

屋外や室内の広い場所にテントを張り、ステージや宴席をあつらえ華やかに飾り立てて臨時に造られた結婚式場。

流水席の例

● **婚禮佈置**（式場のレイアウト）hūn lǐ bù zhì

● **婚宴菜單**（宴席のメニュー）hūn yàn cài dān

● **紅地毯**（レッドカーペット）hóng dì tǎn

● **桌圖 / 桌卡**（席次表 / 席次カード）zhuō tú / zhuō kǎ

席次は「**女方親友** nǚ fāng qīn yǒu」「**男方親友** nán fāng qīn yǒu」「**新郎同事** xīn láng tóng shì」「**新娘同學** xīn niáng tóng xué」「**鄰居** lín jū」など、新郎新婦との関係性によって分けられる。

桌卡の例

● **桌燈**（テーブルランプ）zhuō dēng

● **桌花**（テーブルフラワー）zhuō huā

● **簽到臺**（受付）qiān dào tái

● **收禮處**（引出物渡し所）shōu lǐ chù

● **主持人**（司会者）zhǔ chí rén

● **搭棚舞台**（ステージ）dā péng wǔ tái

● **花藝**（フローラル：生花の飾り付け）huā yì

● **婚禮樂團**（生バンド）hūn lǐ yuè tuán

● **婚攝（婚禮攝影）**（婚礼の撮影）hūn shè（hūn lǐ shè yǐng）

189